TRANSFORMA TU DINERO

De shoppaholic a inversionista

TRANSFORMA TU DINERO

De shoppaholic a inversionista

María V. Colón, CPA

Primera edición: 2024, noviembre

Servicios editoriales: Bell Creative, LLC
Edición y corrección de estilo: Coreen Villalobos Mundo
Diagramación y diseño: Gonzalo Aguirre
Diseño de portada: Ramón Garfias
Fotografía: Yesenia Bocanegra - @focusandbloomstudios

Fecha de revisión: 25 de octubre de 2024

Puedes seguir a la autora en:
YouTube y Facebook: Dinero en Spanglish
TikTok e Instagram: @dineroenspanglish
Websites: Dineroenspanglish.com y
Transformatudinero.com

Impreso en los Estados Unidos de América - Printed in USA
ISBN: 979-8-218-55354-8
Imprint: Publicado independientemente - Independently published

Dedicatoria

Esto es para ti... porque solo tú tienes el poder real de transformar tu situación financiera.

Aquí tienes los recursos que necesitas para inspirarte a vivir una vida diferente, con información clara, precisa y en tu idioma. Este libro está diseñado para guiarte paso a paso, proporcionándote herramientas prácticas y estrategias efectivas para manejar tu dinero con confianza.

Aprende a establecer metas financieras que estén de acuerdo con tus valores, a crear un presupuesto que funcione para ti y a invertir con sabiduría.

No están solos en este viaje. Juntos podemos construir un futuro financiero más seguro y próspero.

¡Vamos a transformar tu dinero!

María V. Colón, CPA

Agradecimiento

Gracias a las instituciones financieras de Estados Unidos que me mostraron que no hay productos de calidad explicados en nuestro idioma.

Gracias a mí, por mi curiosidad, desarrollo y ganas de compartir lo que sé.

Gracias a mi esposo e hijos, quienes me dan el espacio para seguir desarrollando lo que comenzó como una idea de hablar de dinero en español, y que ahora es "Dinero en Spanglish" y "Transforma tu Dinero".

A mis amigas, mis cheerleaders, a quienes envío ideas, documentos para revisar y mensajes de desahogo.

Y gracias a ti, por ser parte de esta comunidad que realmente quiere aprender para tener un mejor futuro financiero.

¿Por qué escribí este libro?

En estas páginas, encontrarás un mundo de información y recursos que te ayudarán a tomar acción y transformar tu situación financiera.

A diario, recibo una infinidad de mensajes pidiendo ayuda y consejos sobre por dónde empezar, consultas para saber si están haciendo las cosas bien, y la realidad es que no existe una fórmula mágica. Lo que sí existe es una cantidad de herramientas financieras que, si las utilizas correctamente, te acercarán cada vez más a tu independencia financiera.

Este libro es el resultado de años de experiencia y aprendizaje. Quiero que lo utilices como una guía, no solo para comenzar, sino también como una referencia constante mientras alcanzas tus metas financieras y te encaminas hacia la transformación e independencia financiera que te mereces.

Cuando comencé mi propio camino hacia la independencia financiera, nunca encontré algún recurso con el que yo me pudiera identificar, ni en libros ni en las redes sociales. No había una mujer profesional, con esposo e hijos, hablando de dinero y de finanzas personales en mi idioma. Todas las páginas y libros que encontré estaban en inglés y la mayoría estaban escritos por hombres.

Déjame decirte algo: crecer a nivel profesional y manejar las finanzas en el cuerpo e identidad de una mujer profesional e hispana en Estados Unidos no es lo mismo que un hombre que habla solo inglés. Por eso creé "Dinero en Spanglish" y por eso hoy tienes frente a ti "Transforma tu dinero".

"Dinero en Spanglish" es…un espacio que he creado para proveer contenido relevante sobre finanzas personales en nuestro idioma.

Es una multiplataforma en la que puedes encontrar información sobre metas financieras, presupuesto, ahorros, deudas, inversiones y otros temas relacionados con el manejo de dinero y la planificación financiera, a través de un podcast, website, cursos, sesiones individuales, redes sociales y este libro.

> *La independencia financiera está disponible para todos. Lo que necesitamos es encontrar los recursos apropiados para tomar acción.*

Llevaba unos años pensando que quería escribir un libro para llenar ese vacío y proveer información de calidad a nuestra comunidad.

En el 2022, comencé a pedirle a varios autores que habían autopublicado sus libros más información sobre sus procesos. Uno de ellos me contestó y hablamos por una hora. Gracias a Kevin L. Matthews II, M.S., de IG: @Buildingbread, por tomarte el tiempo y darme información clara.

Después, en el 2023, participé en el evento "Our Money, Our Power", creado por Jannese Torres de IG: @yoquierodinero. En ese evento, Jannese nos dio a cada una de las asistentes cinco libros, y yo pensé que esto era una tremenda idea.

"Me encantaría que mi libro fuese regalado en eventos como este, que empoderan a las mujeres", pensé.

Cuando llegué a casa desde ese evento, abrí Google Docs y comencé a escribir, siguiendo las anotaciones que había hecho durante mi conversación con Kevin en el 2022. Durante mi break corporativo en el invierno del 2023-2024 lo terminé, al menos mi parte. No sabía todo lo que faltaba: edición, diseño, etc.

Sé que mi comunidad hispanohablante tiene hambre y necesidad de toda esta información. Trabajamos día a día por darle lo mejor a nuestras familias y por eso siento la responsabilidad de compartir todo lo que sé, toda la información que tuve la oportunidad de descubrir, mientras sigo aprendiendo porque la educación financiera nunca termina.

A lo largo de mi carrera, he tenido el privilegio de presentar estos conceptos a miles de personas a través de mis sesiones virtuales y de trabajar directamente con cientos de individuos. Lo que he aprendido es que la repetición y el uso de conceptos simples y ejemplos relevantes son cruciales para todos. Es por eso que el libro "Transforma tu dinero" es ahora una realidad.

Este libro está diseñado para ser práctico y accesible para que puedas implementar los consejos y estrategias en tu vida diaria sin sentirte abrumada.

El contenido de este libro es para efectos educativos y de entretenimiento. Esto no reemplaza que consultes con un asesor financiero, un profesional de los impuestos y/o un abogado.

Quiero verte libre y manejando tus finanzas personales con confianza y seguridad. Este libro te proporcionará las herramientas necesarias para hacerlo. Desde cómo crear un presupuesto que realmente funcione para ti, hasta estrategias para pagar deudas y comenzar a invertir. Cada capítulo está diseñado para darte pasos claros y accionables que puedes seguir para mejorar tu situación financiera.

Gracias por confiar en mí y en este libro para ayudarte en tu camino. Estoy comprometida a brindarte la mejor información y los mejores recursos posibles. Tu éxito es mi éxito, y estoy aquí para apoyarte en cada paso del camino.

Espero que Transforma tu Dinero sea una herramienta valiosa para ti y que te inspire a tomar el control de tu vida financiera. Recuerda, solo tú tienes el poder de transformar tu situación financiera. Utiliza este libro como tu guía y referencia, y juntas, lograremos la independencia financiera que te mereces. ¡Tú puedes!

financiera. Utiliza este libro como tu guía y referencia, y juntas, lograremos la independencia financiera que te mereces. ¡Tú puedes!

Contenido

1

A mis papás les debo todo

Nací en un hogar lleno de gente, de relaciones, de seguridad… un hogar que giró en torno a una poderosa idea: si trabajas duro, puedes obtener todo lo que quieras.

Mis papás trabajaron incansablemente para dar lo mejor a mis hermanas, hermanos y a mí con los recursos que tenían, y también supieron mantener las puertas abiertas para nuestras amistades.

Tenían cuatro tiendas de ropa que sustentaban una familia de siete, pero tras la llegada de las grandes cadenas de tiendas por departamento a Puerto Rico, sus negocios ya no tenían tanto éxito.

Al no ajustarse a los cambios del mercado en Puerto Rico, comenzaron a perder dinero entre los negocios y los caballos.

Se me había olvidado contarles que mi papá también tenía caballos de carrera y estaba estrechamente vinculado con el hipismo en Puerto Rico, un universo marcado por un principio básico: "Si no ganas, perdiste un billete". Así de sencillo y sin derecho a reclamo.

Hay dos conversaciones que nunca se me olvidarán.

A los 17 años me dijeron que "debía" traer un diploma universitario a la casa. No pressure.

Aunque mis hermanas y hermanos habían completado cursos técnicos, todavía no había un diploma universitario en casa. Así que a mí, a la última y más pequeña, le tocó sacar la cara por la familia.

Entendí que mis papás querían lo mejor para mí y acepté este reto, pero impuse una condición: "Me tienen que llevar y buscar en la universidad, mientras yo me compro mi propio carro porque yo no quería usar el sistema de transporte público".

Me inscribí en la universidad más cercana a mi casa, pocos días después de cumplir 17 años, y lo demás es historia. Mi meta era traer un diploma a casa y, con esfuerzo y dedicación, lo logré. Y no solo traje uno, sino dos. Ambos en administración de empresas: uno en finanzas y otro de una maestría en contabilidad.

A los 17 años, no podía trabajar en muchos lugares. Era menor de edad. Pero tampoco quería en aquel momento.

Cuando cumplí los 18, conseguí mi primer trabajo cerca de la universidad. Tan cerca que hasta podía llegar caminando y, cuando no quería caminar, alguien me buscaba y me llevaba al trabajo. ¡Pan comido!

Por mi mente se cruzó la idea de estudiar Pediatría, pero escuché que los doctores tenían que estudiar muchísimos años y decidí irme por la rama de administración de empresas. Yo sí sabía lo que quería. Yo quería estabilidad. No quería depender del gobierno ni tampoco de un hombre.

Yo sí había visto de todo y por eso sabía pedir en voz alta lo que quería. Creo que ser la pequeña de siete ayuda muchísimo.

Un día, mis papás me sentaron en la sala de nuestra casa en Carolina, Puerto Rico, y me dijeron: "Tienes que buscarte un trabajo porque ya no vamos a recibir tu seguro social". Un cheque, de unos $300 al mes ya no iba a llegar. Yo, otra vez, seguí instrucciones y, en unas semanas después de mi cumpleaños número 18, tenía trabajo.

Ahí comenzó mi vida laboral. Como consecuencia, empecé a recibir dinero y claro… a gastarlo en lo que me daba la gana.

Empecé como cajera, después recibí promociones y ahí estuve unos años mientras terminaba mi universidad.

En ese lugar, obtuve una grandiosa experiencia laboral y también conocí a quien ahora es mi esposo.

Algo que me ayudó mucho en ese momento a mantenerme enfocada en mi meta de crecimiento fue pensar que ese trabajo era algo completamente temporal. Trabajaba para pagarme mis cosas, mientras estudiaba. Nada más.

Día tras día, veía a mucha gente mayor convirtiendo ese trabajo en su vida.

Ahora que entiendo más de la vida, veo que el trabajo era una necesidad para todos. Había que atender a los mejores clientes que se puedan imaginar hasta los más malcriados.

Yo trabajaba turnos completos, sin descanso, porque no había presupuesto para pagar horas extras. La orden era: "Poncha y vuelve porque queda mucho trabajo por hacer". FATAL. Ahora entiendo que todos necesitábamos ese cheque semanal y tocaba hacer el trabajo a todas horas.

Durante esos años me gradué.

Unos meses después de haber cumplido esta meta, conseguí mi primer trabajo en una oficina, algo más profesional y relacionado con mi carrera. Fui contratada como data entry en una compañía de telecomunicaciones y luego me moví a hacer unas actividades de contabilidad. Un poco después, conseguí un empleo en una empresa internacional que necesitó mi experiencia y conocimientos en Miami, Florida.

Hoy día, después de 20 años de experiencia laboral, en ambos países, soy Contralora en una compañía de software, fundadora de

Dinero en Spanglish, inversionista en la bolsa de valores y bienes raíces y autora.

Siempre me he considerado una persona trabajadora, gracias a la enseñanza de mis papás. He establecido buenas relaciones con quienes trabajaron conmigo, de quienes aprendí mucho y quizás algunos de ellos están leyendo este libro.

2

Mi gente

Antes de seguir contándoles sobre mi crecimiento profesional y hablándoles sobre finanzas personales quiero destacar la huella indeleble que dejaron mis amigas en mi corazón. Ellas siempre han estado conmigo y gracias a ellas y a sus familias estoy donde estoy hoy.

Nunca olvidaré las palabras que en algún momento me dijo la abuela de Sylka, con la firme intención de enseñarme a tomar buenas decisiones en el plano sentimental, y que me han marcado la vida: "Cuando vayas a elegir una pareja, elige alguien que no me avergüence cuando quiera presentárselo a mis colegas, no solo ahora sino también en 10, 15 años o más".

Creo que la abuelita de Sylka estaba muy preocupada por mi grupo social. No se equivocaba. Yo andaba suelta como "gabete".

Como mencioné antes, en ese primer trabajo conocí a mi esposo. En aquel momento, era solo pura diversión, pero después conocí a su familia, conocí que tenían metas y valores similares a los que yo quería para mi futuro. Con los sube y baja de la vida, encontré a mi persona, así… sin querer queriendo.

El resto es historia. Junto a él he conformado un buen hogar. Tenemos un niño y una niña y trabajamos juntos como familia, no solo en esta relación de pareja, sino también en nuestras metas financieras.

3

Despidiéndome de mi isla

Cuando tenía 25 años, recibí la oferta de mudarme a Estados Unidos porque la empresa donde yo trabajaba había decidido mudar las funciones administrativas a Miami, Florida.

Esta oportunidad me quedó como anillo al dedo porque yo ya llevaba un tiempo pensando que quería irme de Puerto Rico para tener otras experiencias de crecimiento profesional.

Para ese momento, mi esposo y yo ya habíamos comprado una casa en Puerto Rico. La idea que me cruzó por la mente fue: "Me voy de Puerto Rico por no más de tres años y luego regreso con un resume que mostrara que trabajé en Estados Unidos".

Mi meta era tener mejores oportunidades laborales cuando decidiera volver a la isla.

Yo siempre había pensado en vivir un tiempo fuera de Puerto Rico, pero nunca me imaginé que iba a mover mi vida completamente fuera de la isla. Siempre pensaba volver, pero la vida tenía otro plan para mí.

En el 2006, con una maleta, una caja y unas ganas brutales de mejorar y de subir el corporate ladder, tomé un avión con destino a Miami, con mi título universitario y mi maestría, pero aún no era Contadora Pública Certificada (CPA)

Llegué a Miami con muchas ganas de trabajar y lo primero que me impresionó fue que ahí nadie hablaba inglés. Aquello era una oportunidad perfecta de migrar entendiendo todo porque yo casi no hablaba inglés.

En ese primer trabajo me hicieron una oferta de $40,000 y mis ojos brillaron porque, a pesar de que yo no tenía ninguna referencia sobre lo que representaba ese sueldo, en relación con el costo de la vida, porque la gente no habla de dinero, yo estaba felizmente convenida de que mi nuevo salario iba a ser un montón, tomando en consideración que yo estaba joven y que en Puerto Rico ganaba $28,000. Ese fue mi primer cantazo a la vida de adulto. Me topé de frente con mi nueva realidad financiera. Ya no podía ir a casa de mami o de los suegros a comer.

Con un salario bruto de $40,000, pagaba más de $1,000 de apartamento, como $350 de carro, utilidades, comida, gasolina, etc. El dinero de mis ingresos me alcanzaba solo para vivir, pero no era suficiente para los nuevos hábitos que iba a adquirir. ¡Hello Shopping!

Me mudé sola a una ciudad nueva. Era la primera vez que vivía completamente sola. Se me hizo muy difícil ajustarme a una nueva vida. En aquel momento, me mantenía viajando una a dos semanas a Puerto Rico y el resto de las semanas del mes trabajaba desde Miami porque así el trabajo lo requería.

En ese proceso, durante las semanas que pasaba en Miami, mataba el aburrimiento, yendo a las tiendas.

Imagínate una persona de 25 años que sale de Puerto Rico a una ciudad tan brutal como Miami, en donde no solo la ciudad, sino también el estado, tiene centros comerciales por todos lados y entretenimiento a todas horas. En aquel momento, yo sabía hacer un presupuesto corporativo, pero realmente no le daba prioridad a mis finanzas personales. Mi propia situación financiera no era importante para mí.

Rápidamente, cargué un montón de dinero a mis tarjetas de crédito. Fue tanto mi endeudamiento, que durante mi transición de un empleo a otro, saqué dinero de mi 401(k) para saldar las tarjetas de crédito y el balance del préstamo del carro que tenía en aquel momento.

Para ese entonces, ya yo estaba casada y había dado a luz a mi primer hijo.

Ese ha sido uno de mis mayores errores financieros: sacar dinero de mi plan de retiro para pagar tarjeta de crédito.

Te voy a dar los primeros números de este libro:

Saqué aproximadamente $25,000 a los 29-30 años.

Si hubiese dejado ese dinero ahí tranquilo durante los siguientes 35 años, para tener un retiro tradicional a los 65 años, a un crecimiento aproximado entre 6-10% anual, hubiesen sido entre $192k - $703k.

Enseñanza número 1: NO saques dinero de tu plan de retiro para nada.

Cuando cometí ese error financiero, estaba haciendo una transición a un trabajo nuevo y para ese tiempo teníamos a nuestro hijo mayor.

También habíamos comprado nuestra casa en Plantation, Florida. Una transacción que, mirando hacia atrás, no debimos hacer. ¿Por qué? El mercado de bienes raíces en el sur de la Florida siempre ha sido un challenge.

Compramos la casa justo antes de la crisis financiera. Entonces, cuando llegó el momento de mudarnos a Carolina del Norte, el valor de nuestra casa estaba por debajo de lo que la habíamos comprado, lo que nos obligó a rentar la propiedad a pérdida por dos años.

4

¡Hello… lifestyle inflation!

Conseguí un nuevo trabajo en Florida, donde recibía un salario de aproximadamente $60,000. Mejor, ¿verdad?

Una vez más yo pensé que era mucho dinero, pero en ese momento considera que ya estaba pagando más de $1,000 por el cuidado del niño y aportando a los gastos del hogar que cada vez eran más costosos. ¡Hello… lifestyle inflation!

El dinero, una vez más, no me daba.

Unos meses después, cambié de trabajo otra vez, persiguiendo un salario mayor, pero nunca me senté a hacer un presupuesto ni mucho menos a hablar con mi esposo sobre mi estrés financiero.

Recuerdo que había días que estaba justo antes de cobrar y yo iba a la gasolinera sabiendo que me iba a sobregirar. Era angustiante, pero me aferraba a la esperanza de que me faltaban solo unos días para cobrar el cheque. Necesitaba la gasolina, pagaba los gastos por sobregiro y seguía con mi día.

En ese momento, nuestra relación de pareja estaba bien, pero nuestra relación financiera era independiente. Nunca hablábamos de dinero. En otras palabras, cada uno de nosotros trabajaba sus propias finanzas personales de manera individual. Creo que, en aquellos años, mi esposo nunca se enteró que yo me sobregirada y este ha sido otro gran error de dinero: no hablar abiertamente sobre finanzas personales.

Después del segundo trabajo, encontré un tercero, el cual estaba a 15 minutos de mi casa. El anterior me quedaba a más de una hora manejando. El detalle de este trabajo era que estaba cerca, pero iba a tener un bajón de salario.

De igual manera, lo tomé. Duré en el trabajo anterior solo seis meses porque era extremadamente aburrido porque, a pesar de que era una compañía súper famosa, laboraba en contabilidad de proyectos de mantenimiento, y si no había proyectos de mantenimiento en una de las tiendas, yo no trabajaba. Simplemente, me sentaba ahí todo el día, sin hacer nada. Era una compañía con unas políticas tóxicas a un nivel que yo nunca había experimentado. No podías hablar con ningún director, sin pedirle permiso a tu gerente y además tenías que sacar una cita. Ni siquiera podía hablar con esa persona en los pasillos, una cosa extraña. Definitivamente, ese no era mi ambiente porque a mí me gusta hablar a todos los niveles y con todas las personas, de manera normal.

Acepté este nuevo empleo y fue una experiencia espectacular. Lo acepté por menos dinero, pero en menos de un año este grupo se dio cuenta de mi potencial y me otorgó una promoción de título y salarial. Ahora mi salario iba a $75,000.

Ya había cometido mi gran error de dinero y a este punto yo manejaba las finanzas del trabajo con excelencia, pero no podía manejar las finanzas de la casa, ni tampoco hablar con mi pareja sobre temas de dinero.

Casi como dos años después, entre la búsqueda de un mejor futuro y mejores oportunidades financieras, mi esposo consiguió trabajo en Carolina del Norte. Aquí es donde estamos ahora, desde donde escribo este libro.

5

El empujón que necesitábamos

Ahora que estamos revisando nuestro historial de salario, reconocemos que habernos movido hacia Carolina del Norte nos dio ese empujón que necesitábamos para aumentar nuestros salarios exponencialmente.

Algo que también me ayudó a mejorar mis finanzas personales era que ya estaba por terminar el gasto de cuidado de niños y quienes conocen cuál es el costo del cuidado de niños en Estados Unidos, podrán estar de acuerdo conmigo de que es casi otra hipoteca: son más de $1,000 al mes, en un lugar de calidad y seguro, en una ciudad grande.

Si tienes niños pequeños, hay luz al final del camino.

El salario de mi esposo subió $30,000 con solo habernos mudado de estado. El mío no subió así de manera inmediata. Sin embargo, en unos años llegué a la meta salarial de $100,000.

Otro aspecto conveniente de mudarnos a Carolina del Norte fue que el shopping es horrible. La tentación que teníamos en la Florida de irme de shopping entre Miami a Orlando ya no está. Esa tentación de visitar los outlets en cualquier parte donde fuera no está aquí.

Entonces, parecía que había encontrado la receta para el éxito financiero:

> *Aumento de salario*
> − *Shopping*
> − *Cuidado del niño*
> _______________________
>
> = **Más dinero disponible**

Esta receta para el éxito financiero queda solo en sueños y en el libro porque no estábamos conscientes de nuestras finanzas personales.

Sí habíamos comenzado a hacer cambios saludables en nuestros hábitos, obligados por las nuevas situaciones de vida, pero en ningún momento teníamos o hacíamos una revisión de nuestras finanzas personales, de manera reactiva.

Según publica Care.com, el gasto semanal por cuidado de niños en un centro de atención infantil es de $321 a la semana en el 2024.

El cuidado de niños, en promedio, se paga por cuatro a cinco años, dependiendo del estado en donde estés. Hay estados que ofrecen pre-kínder gratis, pero Carolina del Norte no es uno de ellos. Así que, si piensas mudarte, busca información antes de tomar la decisión o asegúrate que tus hijos ya estén en la escuela.

Después de pasar por grandes errores financieros -sacar dinero del 401k, sobregirar mi cuenta para poder pagar la gasolina y hacer shopping sin control-, decidí en el año 2019 que mi familia necesitaba un mejor futuro financiero. Ahora, además de manejar los millones de mis patronos, iba a manejar el dinero de mi familia de una forma más consciente.

Decidí que no podía dejar mi futuro en manos del gobierno.

Decidí que el esfuerzo que yo le ponía a otros trabajos, a mi patrono y a otras relaciones, también se lo tenía que poner a mi familia.

Decidí que no quería trabajar hasta los 65+.

Decidí salir del ciclo de trabajar solo para gastar, pagar deudas y seguir en un estrés financiero silencioso.

Decidí abrir los ojos, dejar de usar el dinero en cosas que no eran realmente importantes para mí y darle con todo a lo que sí es importante: alcanzar la independencia financiera y disfrutar a mi familia en el proceso.

No solamente por nuestros niños, sino por las generaciones futuras y también por nosotros mismos. No todo es para lo demás, hay que ser egoísta en este proceso.

Porque no hay nada mejor que tener paz mental cuando se trata de dinero.

6

Encuentra tu gente

Cuando comencé mi proceso de educación financiera, con la mirada puesta en encaminar a mi familia a la independencia económica, encontré muchísimas personas hablando desde diferentes puntos de vista con los que yo no me podía identificar.

Primero que nada, la mayoría del contenido que encontré era en inglés. No encontré ningún contenido de calidad en español.

En este proceso también me encontré con gente que me decía que debía vivir de manera frugal para alcanzar la independencia financiera. Si te soy honesta, a mí me encanta comprar, me encanta mi casa cómoda, me encanta mi carro nuevo y me gusta el entretenimiento y viajar. Así que este tipo de pensamiento que me compartía esta gente tampoco era para mí.

También encontré gente que decidió no tener hijos y, aunque los aplaudo por tener autonomía en esa decisión, que no es nada fácil, ya yo tenía mis dos hijos. Así que sentía que tampoco encajaba en ese grupo.

Admito, con picardía, que a veces los quiero devolver, pero la verdad es que son parte súper importante de mi familia, de mi desarrollo como persona. Me han ayudado a ser quien soy y no me imagino mi vida sin ellos, sus sonrisas, su compañía y sus ocurrencias.

También encontré un grupo de personas que decía que debía hacer house hacking para alcanzar la independencia financiera. Esto es, básicamente, buscar maneras de hacer dinero a través de tu residencia primaria. Por ejemplo, compras una casa que necesita mantenimiento y/o arreglos, la compras a un precio bajo, y después la vendes o la rentas a unos números que te generan ganancias. Otra forma de house hacking es rentar habitaciones de tu casa, mientras vives en ella.

También está el grupo de personas que compra unidades multifamiliares. Viven en una y rentan las otras unidades. En esta estrategia, la meta principal es que las personas que rentan las otras unidades en sus propiedades paguen la hipoteca en su totalidad o casi toda. Cuando me enteré de este concepto, pensé en que tampoco me interesaba.

Te cuento todo esto para mostrarte que las finanzas personales son completamente eso… personales… Nosotros decidimos hacer ajustes en nuestro día a día para obtener el éxito financiero, sin tener que cambiar nuestros valores y estilo de vida.

Tú también puedes comenzar hoy y llegar a la independencia financiera.

En breve vamos a comenzar a hablar seriamente (con un poco de humor) de finanzas personales y nos sumergiremos en el contenido medular de este libro. Pero antes, quiero motivarte a pensar y trabajar con tu relación con el dinero. Quizás no te has dado cuenta de que muchas de las actitudes y las cosas que haces con el dinero tienen que ver con la relación adquirida del dinero.

En tus manos está romper el ciclo generacional positivamente, tus finanzas personales y las de las próximas generaciones.

Utiliza este libro como una guía, toma papel y lápiz, o abre un archivo en tu computadora para crear tu plan de acción hacia la independencia.

7

Tu relación con el dinero

Toma un rato para contestar estas preguntas.

No lo tienes que hacer de inmediato, o quizás prefieras responderlas ahora.

Pero, sea la decisión que tomes te darás cuenta de que de aquí a que termines o en unos meses o años, tus respuestas cambiarán.

¿Qué te hace sentir la palabra dinero?

¿Cómo eran las conversaciones de dinero cuando crecías?

¿Cuál es tu primer recuerdo sobre el dinero?

¿Cómo te sientes hablando de dinero con tu pareja? Si tienes pareja.

¿Cómo te sientes hablando de dinero con tu familia?

¿Cómo te sientes hablando de dinero con tus amistades?

¿Cómo te sientes hablando de dinero con los menores? ¿Con tus hijos o quizás con tus sobrinos, primos o cualquier otra persona de tu familia que es menor que tú?

Contestando estas preguntas, quizás descubrirás algunos patrones. Te puedes dar cuenta de que tienes reacciones físicas y/o emocionales cuando hablas de dinero. Puedes experimentar ansiedad, felicidad, miedo, culpa, estrés, orgullo y muchas otras cosas más.

Cualquiera que sea tu reacción, anótala por ahí y recuerda que estás conmigo, aprendiendo sobre dinero y finanzas personales.

Un día a la vez, un paso a la vez.

También puede ser que ni siquiera te guste hablar de dinero o enfrentar estas conversaciones. Es importante que si quieres alcanzar la independencia financiera, enfrentes los temas de dinero e incluyas a las personas que están a tu alrededor en este proceso.

Esto es un proceso que te puede tomar meses o años, así que no trates de apurarte, toma tu tiempo. Lo que sí te puedo decir es que tú transformación no va a ocurrir de la noche a la mañana y a lo mejor vas a necesitar ayuda de un profesional.

Tu relación con el dinero y cómo te hace sentir el dinero puede tener un impacto extremadamente grande en tu éxito o en tu fracaso financiero.

En este caso, no se trata de hacer un fake it until you make it. En este caso, vamos a crear procesos y a utilizar sistemas que te acercarán más a tus metas financieras.

¿Cómo puedes comenzar a mejorar tu relación con el dinero?

El primer paso debe ser enfrentar tus números y preguntarte si tu dinero está yendo adonde tú quieras o el dinero se va solito y tú no tienes control.

Desde hoy en adelante te invito a que veas el dinero como una herramienta.

Repítelo en voz alta EL DINERO ES UNA HERRAMIENTA. Si tienes personas a tu alrededor, pídeles que lo digan contigo.

El dinero es realmente una herramienta que te puede brindar oportunidades y recursos. Si tienes dudas de que el dinero es una herramienta, aquí te dejo una lista de las cosas que puedes obtener o lograr con dinero:

- Necesidades básicas: Alimentos, vivienda, ropa y atención médica. El dinero te puede dar un sentido de seguridad y proveer comodidad.

- Educación: La educación es una necesidad humana, no importa si es para los menores o adultos. El dinero te da la oportunidad de adquirir conocimientos, bien sea pagando el pre-escolar o colegio de los niños hasta educación continua para el crecimiento personal de los adultos. No olvides las infinitas opciones que tienes aquí relacionadas con actividades extracurriculares, deportes, artes, etc.

- Viajes: El dinero te da la oportunidad de explorar nuevos lugares, experimentar diferentes culturas y ampliar tus horizontes a través de los viajes. No tiene que ser un viaje a otro país. A veces tomar unos días en nuestro país y/o ciudad, es suficiente para aprender cosas nuevas o simplemente tener un rato de relajamiento en un ambiente diferente.

- Calidad de vida: El dinero puede mejorar tu calidad de vida al brindarte acceso a entretenimiento, actividades de ocio y experiencias que traen alegría y satisfacción. Mientras más dinero tengas a tu disposición, más dinero tienes disponible para mejorar tu calidad de vida.

- Atención médica: Este es un tema bien caliente, pero definitivamente tengo que mencionarlo. A pesar de que la atención médica DE CALIDAD debe ser un derecho humano básico, sabemos que se necesita dinero para obtener asistencia óptima, tratamientos médicos y medidas preventivas para mantener tu bienestar.

- Inversiones: Invertir tu dinero para generar ingresos adicionales es una tremenda opción. También se puede utilizar el dinero para construir riqueza, no solo para nosotros sino también para las futuras generaciones. Las inversiones pueden incluir acciones, bienes raíces, fondos indexados, negocios y más.

- Contribución: Si has tenido el deseo de colaborar a causas benéficas, apoyar a tu comunidad y tener un impacto positivo en la sociedad, lo puedes hacer con tu tiempo, pero también con tu dinero. Me voy a ir un poco motivadora aquí: tu tiempo es limitado, tenemos 24 horas al día, pero el dinero que puedes aportar a causas benéficas es ILIMITADO.

- Seguridad financiera: Tener dinero ahorrado, cero deudas de consumo o un plan para salir de ellas e invertir tu dinero puede ofrecerte una sensación de seguridad, ayudándote a manejar gastos planificados, gastos inesperados, emergencias y a ponerle precio y fecha a tu retiro.

- Retiro: Para poder obtener un retiro digno, en tus propios términos y sin depender del gobierno, necesitas dinero. El dinero te permite planificar tu retiro, asegurando la estabilidad financiera durante el resto de tu vida.

- Lujo: ¿A quién no le gusta darse lujos de vez en cuando? Aunque para algunas personas no es necesario, el dinero te puede brindar artículos de lujo y experiencias exclusivas que de otra manera no hubieses podido tener.

- Legado: El dinero se puede utilizar para crear un legado duradero para tu familia o para apoyar causas que son importantes para ti.

Es por estas y muchas otras razones que no puedes seguir dejando la decisión de enfrentar tu situación financiera para luego. HOY ES EL MEJOR DÍA PARA COMENZAR.

Al momento de la publicación de este libro, hay varias estadísticas impresionantes.

- 37% de la población no tiene ahorros.

- 25% de la población usó tarjetas de crédito para pagar un gasto inesperado de 1,000 o más.

- 36% tiene más en el balance de las tarjetas de crédito que en su cuenta de ahorros

- A 2 de cada 3 hogares les preocupa no tener dinero suficiente para cubrir sus gastos por 1 mes.

De acuerdo con un estudio de Experian, en el 2021 los hogares en Estados Unidos tienen aproximadamente $96,000 en deudas.

Escanea este código QR para obtener más información

Los balances promedios son:

- Tarjetas de crédito: 5,221

- Préstamo de auto: 20,987

- Préstamos estudiantiles: 39,487

- Hipoteca: 220,380

Escanea este código QR para obtener más información

Los adultos hoy día que están pronto a retirarse, no tienen dinero para enfrentar el retiro. Basado en un reporte de Vanguard el balance promedio de las cuentas 401k es de $112,572 y, aunque esto no considera si las personas tienen 401k en otros lugares, el valor es bajo.

Escanea este código QR para obtener más información

El 35% de la población en Estados Unidos recibe el seguro social a los 62 años. Esto puede ser por falta de recursos económicos o de educación, pero si esperas recibir tu seguro social a los 67 años de edad, obtendrás el 100% de sus beneficios y si recibes los beneficios a los 70, obtendrás hasta un 20% más de dinero.

Escanea este código QR para obtener más información

- En el 2023, 67 millones de personas recibieron el beneficio de seguro social.

- El beneficio mensual promedio para los retirados es de $1,837 y para los incapacitados de $1,486.

- El seguro social es la mayor fuente de ingreso para las personas de edad avanzada.

- En 1940, la expectativa de vida para una persona de 65 años era vivir 14 años más. Hoy día vivimos hasta los 85 o más.

Escanea este código QR para obtener más información

Todas estas estadísticas pueden ser, por una o varias cosas, por falta de planificación financiera, falta de conocimiento y también de la relación con el dinero.

Ahora, ¿qué vas a hacer tú para mejorar tu relación con el dinero?

Olvídate de las estadísticas y de compararte con otras personas.

Olvídate de todos los errores financieros que has cometido hasta ahora.

Olvídate de las cosas negativas que aprendiste en tu casa, mientras crecías, sobre finanzas personales. Algunos de esos aprendizajes o experiencias son traumas hoy día y de esos no nos podemos olvidar, pero si lo podemos manejar o buscar ayuda profesional.

Aquí te voy a dejar unas cuantas ideas de lo que puedes hacer ahora antes de seguir al próximo capítulo.

- Crea un listado de todas tus cuentas:
  - Cuentas de banco
  - Cuentas de cheque
  - Cuenta de inversiones
  - Deudas
- Crea un listado de tus entradas y salidas de dinero:
  - Todo tipo de ingreso.
  - Salidas de dinero, como por ejemplo: deudas, gastos fijos, gastos necesarios, gastos variables, gastos innecesarios. En esta sección incluye el dinero que envían a los ahorros e inversiones.

8

Miedos financieros

Si has experimentado miedos financieros, cuándo quieres comenzar a tomar control de tus finanzas personales, o cuando estás tomando decisiones financieras. No eres la única persona enfrentando esos miedos.

Puede que tu miedo venga de experiencias pasadas, tu familia y otras cosas. Recuerdas las preguntas que te dije que contestaras en el capítulo anterior.

Recibo mensajes con frecuencia que giran en torno a esta afirmación: "María, quiero comenzar".

Yo rápidamente doy ideas y estrategias, pero a fin de cuentas hay personas que no toman acción porque tienen miedo.

El miedo está presente y hay que reconocerlo: No hay otra alternativa. Te invito a decir: ¡Hello… miedo! ¡Qué gusto verte la cara!

Lo peor que puedes hacer es no hacer nada.

Aquí vuelvo con las preguntas. Parece que debí ser reportera de noticias o investigadora:

- ¿Qué sucede si no haces nada?

- ¿Qué sucede si haces algo?

- ¿Cómo va a estar mi situación financiera en unos años afectada por las decisiones que tomo hoy?

- Dale un fast forward y mírate en 10-15-20 años, ¿cómo se ve tu vida financiera?

Si la respuesta a la pregunta de no hacer nada te da más miedo que enfrentar tus miedos, es hora de comenzar a trabajar en tus finanzas personales.

Algunas de las razones por las que no enfrentamos miedos en los temas de finanzas personales pueden ser:

- Tenemos miedo a las consecuencias a largo plazo.

  - Muchas de estas decisiones que estamos tomando ahora no tiene un impacto en nuestras vidas hoy, pero sí en el futuro. Por esto te recomiendo comenzar a hacer cambios en las áreas que te sientas que puedes controlar porque ya tienes el conocimiento y la educación. Enfócate en el presente y en lo que sabes.

- Tenemos miedo por la falta de conocimiento y educación financiera.

  - Es muy probable que alguno de los temas que estamos discutiendo aquí no sean familiares para ti. Hay muchos conceptos financieros, y mi meta es explicártelos lo más simple posible. Quizás hoy no entiendes completamente cómo funcionan, por ejemplo, las inversiones. Reconoce ese miedo, ya que es completamente natural sentirlo, pero sigue obteniendo el conocimiento y pensando a largo plazo. Ya verás que sí funciona.

- Las experiencias del pasado.

  o Miembros de nuestra familia o nosotros mismos, hemos tenido malas experiencias financieras. Puede ser que tienes o has tenido problemas para que el dinero te llegue a fin de mes, alguna deuda te dañó el crédito, confiaste en alguien y te hizo perder dinero, etc.

- Miedo a repetir experiencias negativas del pasado.

  o Te voy a invitar a que uses esas experiencias como motivación adicional. Esas malas decisiones te van a ayudar definitivamente a mejorar tu situación financiera, ya que seguramente no las repetirás más.

- El miedo al qué dirá la gente a nuestro alrededor.

  o Esto se resume en la presión social o las expectativas de la gente. El pensamiento más liberador en este punto es recordar que NADIE paga tus cuentas, solo tú. Nadie va a resolver tus problemas financieros si tú no comienzas ahora. Nadie te va a proveer dinero durante los años del retiro, solo tú. Nadie va a pagar el balance de tu tarjeta de crédito después que decidiste darte la gozadera.

  Si hubiera dejado que la presión social y las expectativas de lo que estaba haciendo la gente a mi alrededor en mis 20's, no hubiese estudiado, en los 30's no hubiese tomado el examen de CPA y en el 2019 me hubiese quedado en el shopping de los Weekend y en la gastadera sin control.

- El miedo a no tener el control de factores externos.

  o Enfócate en lo que tú puedes controlar. Tú puedes controlar y monitorear tus finanzas, pero no puedes controlar los gobiernos ni tampoco la economía. No se trata de ignorar o descartar el miedo al fracaso, pero puedes comenzar a crear procesos y puedes tener revisiones periódicas para que mires si este miedo al fracaso simplemente es un miedo sin fundamento.

Puedes educarte sobre la historia y también utilizar algunas métricas del pasado para monitorear tu progreso hacia el futuro.

Ahora que hablamos de miedo y te di unas cuantas ideas para que vayas pensando, te voy a invitar a que tomes un ratito de escribir en un papel qué te da miedo cuando piensas sobre dinero.

Esta es una buena estrategia para que puedas comenzar a enfrentar ese miedo desde el punto de vista de la educación y comenzar a tomar decisiones informadas y racionales.

Trabajar con profesionales te puede ayudar a obtener herramientas para manejar estos miedos y tomar decisiones más confiadas.

Obviamente, el miedo no va a desaparecer. Es importante recordar que todos tenemos que tomar decisiones financieras, tenemos personalidades financieras diferentes, venimos de hogares diferentes con educación diferente y por eso es importante que tomes un rato para escribir y enfrentar los miedos.

Reconoce que, a medida que pasa el tiempo, tus miedos también van a cambiar.

9

Metas financieras

Soy fan número uno de las metas, y quiero que desde hoy comiences a hacer la paz con tus metas financieras.

En el capítulo anterior, te di la tarea de enfrentar con tranquilidad tus números: activos, pasivos, ingresos y tus salidas de dinero. También hablamos de enfrentar tus miedos, y por ahí hasta te mencioné que comiences a trabajar con las cosas que no te dan tanto miedo… esas en las que ya tienes un poco de educación y frente a las que sientes más comodidad para trabajar.

Por ejemplo, hoy estás ok con el tema de ahorrar dinero, pero todavía no estás ready para enfrentar el plan para salir de deudas. Eso está bien. Un paso a la vez, un día a la vez.

Pregunta: ¿Tu dinero va donde tú quieres?

Si la respuesta es SÍ… ¡Excelente! Ya no necesitas este libro, pero sigue leyendo porque quizás aprenderás cosas nuevas.

Si la respuesta es NO, este libro es totalmente para ti y tú eres la persona perfecta para leerlo de principio a fin y tenerlo a la mano para hacer consultas y buscar referencias cuando sea necesario.

¿Cómo vas a crear tus metas financieras?

Me encanta hacer preguntas que te inviten a reflexionar.

Ahora, te pregunto:

- ¿Qué harías hoy si recibes 5 millones de dólares libres de impuestos de sorpresa?

- ¿Cuáles son las primeras ideas que te vienen a la cabeza?

Ésa puede ser la idea, o ideas, que te van a ayudar a fijar tus metas financieras.

Considerando que es muy probable que no recibamos los 5 millones de dólares de la nada, vamos a seguir trabajando con tu plan financiero.

Tienes que creer que existe la posibilidad de mejorar tu situación financiera exponencialmente en los próximos meses y años.

¿Cuántas metas necesitas?

Por el momento, enfócate en crear 1-3 metas a corto plazo y una meta a largo plazo. Olvídate de las metas a mediano plazo. Estas las vas a ir creando mientras tu plan y vida financiera vaya evolucionando. En la medida que vayas logrando tus metas a corto plazo, irás creando nuevas metas.

Para la creación de tus metas, puedes utilizar el método SMART o el método OKR.

Metas SMART (Specific, Measurable, Attainale, Relevant, Time Bound, por sus siglas en inglés)

- Específicas

  - Define lo que exactamente estás tratando de alcanzar.

- Medibles

  - Define cómo vas a medir el progreso de esa meta y cómo vas a saber que vas progresando.

- Alcanzables

  - Define tu meta con honestidad para que crees metas que realmente puedas alcanzar.

- Relevantes

  - Define metas que sean relevantes para esta etapa de tu vida y para tus valores financieros.

- Tiempo

  - Ponle fecha a las metas. Desde una perspectiva realista, tienes que definir cuándo las vas a alcanzar.

Ejemplo:

- Incorrecto: Quiero ahorrar dinero.

- Correcto: Quiero ahorrar $2,000 en los próximos 10 meses, transfiriendo $200 al mes a mi cuenta de ahorros, los días 15 de cada mes.

Metas OKR (Objective and Key Results, por sus siglas en inglés)

En esta metodología vas a definir un objetivo mayor y los resultados que debes ir logrando para alcanzar tu objetivo.

- ¿Qué quiero lograr?

  - Objetivo: Idea concreta de lo que quieres lograr.

- ¿Cómo lo voy a lograr?

  - Key Results: Piensa en las pequeñas cosas que debes hacer para lograr el objetivo mayor. En esta sección debes especificar cosas que sean realistas y ponerle fecha.

Ejemplo:

Objetivo: Estar libre de deudas de consumo.

Key Results:

- Crear listado de deudas.

- Definir, con base en mi presupuesto, cuánto dinero tengo todos los meses para salir de deudas.

- Seleccionar un método de aceleración de deudas.

- Dar pago adicional a la primera deuda en la lista y dar el pago mínimo a todas las demás.

¿Cuántas veces debes revisar tus metas?

Tus metas las vas a revisar mínimo una vez al mes.

Necesito que tengas los ojos en estas metas.

Esta revisión es súper importante para que puedas hacer ajustes cuando sea necesario.

Imagínate que estableces una meta en enero y llega noviembre y te diste cuenta de que no has tenido ningún progreso porque simplemente no la revisaste hasta el fin de año.

La revisión periódica puede ser un factor determinante entre el éxito o el fracaso de tu meta.

¿Cómo puedes tener un mayor éxito en este proceso de alcanzar tus metas?

El éxito de tus metas financieras está en tus manos. Recuerda que esto es tu presente y tu futuro financiero.

A continuación, te comparto un listado de estrategias para lograr el éxito en tus metas financieras:

1. Debes tener metas específicas.

2. Seguimiento periódico: Mientras más seguimiento y revisiones hagas, mucho mejor.

3. Automatiza tus procesos: Mientras más automatización puedas añadir en tu proceso financiero, mayor será tu éxito. No es lo mismo tener procesos o metas financieras que requieran que tú hagas procesos manuales versus metas financieras que puedes automatizar porque las tienes muy claras y específicas.

Metas	Preguntas claves durante la creación de metas
Specific	¿Es tu meta específica?
Measurable	¿Cómo vas a medir el progreso de tu meta?
Attainable	¿Es una meta que con esfuerzo y consistencia la puedes alcanzar?
Realistic	Considerando tu situación actual, ¿es tu meta realista?
Timely	¿Cuándo vas a lograr la meta?
Ejemplo:	*Ahorrar $1,000 en 10 semanas transfiriendo $100 semanales a la cuenta de ahorros.*

Meta #1	Crea tu meta aquí
S	
M	
A	
R	
T	

10

Presupuesto

Antes de comenzar a crear tu presupuesto, cierra los ojos y repite esta frase:

"Tengo que hacer la paz con el presupuesto".

El presupuesto es como el mapa del tesoro. No tiene que ser perfecto, pero sí lo tienes que hacer. El presupuesto es la herramienta que te ayuda a saber adónde va tu dinero. Cuando combinas el presupuesto con tus metas financieras, esto se convierte en una herramienta financiera súper poderosa.

La manera en la que manejas tus finanzas personales puede determinar si tu presupuesto se convierte en una herramienta constante a lo largo de tu vida o si logras automatizar tus finanzas para que sea algo temporal.

Al automatizar tus metas financieras y adoptar un enfoque estratégico, puedes transformar el presupuesto de una tarea continua a un proceso eficiente y, eventualmente, no tendrás que hacer un presupuesto tan detallado, al menos que tu situación financiera cambie.

Una vez que alcanzas tus metas financieras, la automatización se convierte en tu aliada, liberándote de la necesidad constante de realizar presupuestos.

Bajo este enfoque evitarás tener que monitorear tus transacciones financieras todo el tiempo o estar recordando frecuentemente lo que tienes que hacer con tu dinero antes de salir a gastarlo.

Las personas que ves en las redes sociales diciéndote: "No tienes que hacer presupuesto", quizás te están ofreciendo otro método de automatización que, a fin de cuentas, es lo mismo: un presupuesto, pero automatizado.

El primer paso, ya sea en un presupuesto manual o automático, es reconocer tus numerosos ingresos y salidas de dinero.

Tipos de presupuesto

Existen varios tipos de presupuesto y en este capítulo te quiero hablar de tres tipos.

- El presupuesto 50/30/20

- El presupuesto en 0

- El presupuesto automatizado

Presupuesto 50/30/20

El presupuesto 50/30/20 fue popularizado por la senadora Elizabeth Warren y Amelia Warren Tyagi, en el libro "All Your Worth: The Ultimate Lifetime Money Plan", publicado en el año 2006.

Este tipo de presupuesto se enfoca en distribuir tus ingresos en tres categorías principales que te comparto a continuación.

*50% para necesidades:

Este 50% se destina a cubrir gastos esenciales y necesidades básicas. Esto puede incluir:

- Alquiler o hipoteca.

- Servicios públicos (agua, electricidad, gas).

- Alimentación y comestibles.

- Transporte (pagos de automóvil, transporte público).

- Seguro de salud y gastos médicos necesarios.

El objetivo es asegurarse de que no más del 50% de tus ingresos mensuales se destinen a estas necesidades básicas.

*30% para deseos:

Este 30% se destina a tus deseos y preferencias personales. Esto puede incluir:

- Entretenimiento (cine, salidas, eventos).

- Comida en restaurantes y comidas fuera de casa.

- Ropa y compras no esenciales.

- Vacaciones y viajes.

- Suscripciones a servicios adicionales (streaming, gimnasios).

Esta categoría permite flexibilidad y la oportunidad de disfrutar de la vida, pero es importante no exceder el 30% asignado.

*20% para ahorros:

Este 20% se destina a ahorros e inversiones. Esto puede incluir:

- Ahorro para emergencias.

- Contribuciones a cuentas de retiro.

- Pago de deudas adicionales (tarjetas de crédito, préstamos estudiantiles).

- Ahorro para metas a corto plazo (compra de vivienda, automóvil).

El objetivo aquí es establecer y trabajar hacia metas financieras a largo plazo.

Personalmente, pienso que este presupuesto es una buena iniciativa para las personas que están comenzando. Sin embargo, no es tan recomendable para las personas un poco más sofisticadas en sus finanzas y que ya conocen su presupuesto.

El éxito de esta metodología está en utilizarla como una guía y ajustar los por cientos a tus metas financieras y estilo de vida. Por ejemplo, si estás ahorrando agresivamente para un viaje, invirtiendo agresivamente para alcanzar el retiro temprano o pagando tus deudas agresivamente, entonces puedes ajustar el 20%.

Si estás comenzando hoy, esto es un buen ejercicio, pero luego debes ir haciendo ajustes y adaptándolo a tu estilo de vida.

Presupuesto en 0 o zero-based budget

En el presupuesto en cero o zero based budget, tú le vas a dar propósito a cada dólar que recibes. Utilizando esta metodología, todos tus ingresos tienen un propósito y a cada dólar se le asigna una categoría.

A nivel general, esto es lo que va a suceder en tu presupuesto:

+ Ingresos
− Ahorros e inversiones
− Gastos fijos y necesarios
− Gastos variables y no necesarios

= CERO

Ingresos:

Enumera todos tus ingresos mensuales, ya sea de tu salario, ingresos adicionales, o cualquier otra fuente de ingresos.

Gastos:

Enumera todos tus gastos mensuales, desde los más grandes hasta los más pequeños. Esto incluirá necesidades, deseos y ahorros.

Asignación de categorías:

Asigna un propósito específico para cada dólar de tus ingresos. Asegúrate de que tus gastos y cualquier salida de dinero sumen exactamente tus ingresos. No hay "sobras" en este enfoque; cada dólar tiene un trabajo. Este trabajo puede ser destinado a cualquier categoría: ahorros, inversiones, pagos de deudas y gastos.

Ajustes constantes:

Este tipo de presupuesto requiere ajustes constantes. A medida que cambian tus ingresos o tus gastos, debes ajustar las categorías para que sigan sumando cero al final del mes. Sin embargo, si estás haciendo presupuesto, cualquier metodología necesita revisión y ajustes constantes porque nuestras finanzas, entradas y salidas, no son las mismas todos los meses.

Beneficios:

- Control total: Tienes un control total sobre cada dólar que ganas y gastas. Además, eres tú quien decide a dónde va tu dinero.

- Priorización transparente: Es fácil ver qué gastos son prioritarios y cuáles son opcionales.

- Alineación con metas: Puedes alinear tus finanzas con tus metas financieras específicas y así asignar tus ingresos.

Desafíos:

- Mayor rigidez: Puede ser menos flexible que otros enfoques, ya que cada dólar debe tener un propósito. Esto lo debes ver como algo positivo: ahora tu dinero tiene un lugar específico donde ir. Si eres de las personas que les gusta tener un balance en las cuentas o en el presupuesto por si ocurre algo inesperado, te entiendo. Y este balance lo tienes en tu cuenta de ahorros de la que vamos a hablar más adelante.

- Requiere seguimiento constante: Necesitas realizar un seguimiento constante y realizar ajustes según sea necesario en todas tus categorías, no solo en las salidas de dinero sino también en las entradas de dinero, si tienes ingresos variables. Aunque esto te puede parecer un desafío al principio. Lo que realmente estás haciendo es familiarizarte con tus números y entender las fluctuaciones en tus finanzas personales.

El presupuesto automatizado

¿Has escuchado alguna vez esto de que no necesitas presupuesto?

La realidad es que todos lo necesitamos. Ahora, el tipo de presupuesto al cual estas personas se refieren puede ser algo parecido al presupuesto automatizado.

El presupuesto automatizado es una estrategia avanzada que aprovecha la tecnología y diferentes cuentas bancarias, o tarjetas de crédito, para simplificar y optimizar la creación de tu presupuesto personal.

Digo que es una técnica avanzada porque, bajo esta metodología, tienes que estar muy consciente de tus entradas y salidas de dinero para que asignes una cantidad específica a cada una de tus cuentas.

Sí... esto suena como algo que quieres hacer para evitar los procesos manuales.

Aquí te dejo una guía sencilla para desarrollar este presupuesto:

Cuentas específicas:

Establece cuentas bancarias específicas para diferentes propósitos.

Por ejemplo, podrías tener una cuenta de ahorros, una cuenta de inversión y cuentas corrientes separadas para gastos fijos y variables.

Esto también lo puedes hacer con diferentes tarjetas de crédito.

Hoy día hay cuentas bancarias que facilitan este proceso con un sistema de gastos, al cual le puedes asignar porcentaje o cantidad fijas. El objetivo es crear un sistema de "buckets de gastos".

Ingresos y distribución:

Automatiza la distribución de tus ingresos en estas cuentas específicas y automatiza tus pagos. Por ejemplo, cuando recibes tu salario, programa transferencias automáticas para enviar una parte a tu cuenta de ahorros, otra parte a tu cuenta de inversión y el resto a tus cuentas corrientes o a saldar tus tarjetas de crédito.

De la misma manera, puedes establecer pagos automáticos y que el dinero vaya directamente a las instituciones apropiadas.

Algunos pagos que puedes automatizar son: la renta o hipoteca, utilidades, pagos de préstamos y pagos de tarjetas de crédito.

Categorización automática:

Algunos bancos proveen cuentas que permiten la categorización automática de tus ingresos. De esta manera, ya sabes cómo utilizarlos. Esta categorización debe ser definida por ti para que la automatización funcione, según tus finanzas personales.

Cuentas específicas para gastos:

Asigna cuentas específicas para gastos fijos y variables.

Por ejemplo, podrías tener una tarjeta de crédito para gastos fijos, como la hipoteca o el alquiler; y otra para gastos variables, como comestibles y entretenimiento.

De esta manera, cuando sea tiempo de hacer gastos o pagos, sabes exactamente de dónde sacar tu dinero y cuánto dinero o línea de crédito te queda disponible.

Utiliza herramientas financieras:

Explora aplicaciones o plataformas que te permitan tener una visión integral de tus finanzas. Algunas aplicaciones se conectan automáticamente a tus cuentas, proporcionando un panorama completo de ingresos y gastos en un solo lugar. Estas pueden ser páginas en línea o aplicaciones en tu teléfono.

Revisión periódica:

Aunque el presupuesto esté automatizado, es crucial revisar regularmente tus transacciones y ajustar las asignaciones, según sea necesario.

Esto garantiza que estás al tanto de cualquier cambio en tus patrones de gastos o ingresos.

Beneficios:

- Eficiencia y ahorro de tiempo: La automatización elimina la necesidad de realizar manualmente transferencias y seguimiento de transacciones.

- Evaluación simple: Puedes tener una visión completa de tus finanzas en un solo vistazo, facilitando la toma de decisiones informadas.

- Evita descuidos: Al automatizar transferencias y pagos, reduces el riesgo de olvidar algún pago importante. En esta línea no puedo dejar de mencionar que debes revisar que todas las transacciones se hayan realizado correctamente. En ocasiones, los sistemas de pago dejan de funcionar y esta automatización se pierde, resultando en pagos no completados, lo cual afectará tu historial de pago y crédito.

Desafíos:

- Configuración inicial compleja: Encontrar las herramientas financieras correctas y configurar la automatización puede requerir tiempo y esfuerzo inicial.

- Monitoreo necesario: Ajustes a la configuración para garantizar que las transacciones estén de acuerdo con tus metas financieras.

Este enfoque de presupuesto automatizado puede ser especialmente beneficioso para aquellos que prefieren unos procesos financieros simplificados y desean aprovechar al máximo la tecnología disponible.

¿Qué presupuesto prefieres?

Cuando termines de leer esta sección, selecciona el presupuesto que más te convenga.

Si es la primera vez que haces un presupuesto, elige el presupuesto 50/30/20. Si piensas que ese es muy restrictivo, utilízalo como base o muévete al zero-based budget.

Si ya llevas haciendo tu presupuesto personal por un tiempo, es hora de automatizar tu proceso financiero. Requerirás un proceso de configuración inicial para que puedas usar diferentes cuentas de banco o diferentes tarjetas de crédito. Luego, necesitarás hacer seguimiento periódico, pero si cambias de instituciones financieras, debes ajustar la configuración para agregarlas.

¿Con qué frecuencia revisas tu presupuesto?

Debes revisar el presupuesto al menos una vez al mes, en adición a la creación del presupuesto para ese mes.

Sin embargo, te recomiendo que lo revises con la misma frecuencia con la que recibes ingresos: semanal, bisemanal, quincenal o mensual. De esta manera, revisas tus categorías, lo que está pasando durante ese periodo en específico en tu vida y cómo va a impactar tu dinámica financiera y evitas las sorpresas de fin de mes.

Estas sorpresas pueden ser perjudiciales para tus finanzas personales. Ya es hora de ser más proactivo con nuestro dinero y finanzas personales; y el presupuesto te va a ayudar.

¿Los ingresos no te dan?

Vamos a evaluar si tienes un problema de ingresos o de salidas de dinero.

Si cuando estás creando tu presupuesto y, después de hacer una revisión detallada de tus ingresos, gastos y pagos de deudas, te falta dinero:

¿Estás de acuerdo con tus gastos o puedes hacer ajustes? Evalúa cada línea, a ver de dónde puedes hacer ajustes.

¿Los gastos que ves en tu presupuesto están de acuerdo con tus metas financieras? Tus metas financieras y el deseo de alcanzarlas a veces tienen que ser más fuerte que las ganas de gastar en ciertas áreas y categorías.

¿Estás tratando de incorporar varias metas financieras a la vez? Enfócate en una o dos metas a la vez.

¿Te parece que pagas mucho dinero en deudas? Es hora de mirar cómo vas a salir de esas deudas lo más pronto posible, poniendo en marcha un plan para salir de deudas.

De este plan hablaremos más adelante.

Una vez salgas de esas deudas, el dinero lo tendrás disponible para otras cosas.

Si quieres alcanzar tus metas financieras más rápido, te exhorto a que mires maneras diferentes de generar ingresos adicionales o quizás un cambio de trabajo es lo que te toca en esta época de tu vida.

En estos momentos, mientras estoy escribiendo la primera versión de este libro, estoy que me dan los sunday blues. El trabajo ya no me gusta tanto como antes y los domingos por la tarde se vuelven pesados porque estoy pensando en que el lunes comienza mi semana laboral y que comenzará un nuevo conteo regresivo porque ya quiero que llegue el sábado. Si te sientes como yo en estos momentos, te invito a que entres al Internet y comiences a enviar un montón de aplicaciones.

Ahora te toca a ti

1. Elige el presupuesto que sea más conveniente para ti.

2. Revisa las transacciones de los pasados 30-90 días para que establezcas tu primer presupuesto.

3. Crea tu presupuesto.

4. Monitorea el presupuesto constantemente, con la frecuencia con la que recibas ingresos.

5. Haz los ajustes necesarios para que continúes teniendo éxito en tu plan financiero.

6. Cambia la metodología de presupuesto si es necesario.

11

Ahorros

Los ahorros son uno de mis temas favoritos. No es un tema súper emocionante, pero tener ahorros necesarios en la cuenta sí que dan emoción, más aún cuando los necesitas y sabes que tienes ese dinero ahí. Es mejor tenerlos y no necesitarlos que necesitarlos y no tenerlos.

En resumen, los ahorros te dan paz. Y no sé a ti, pero a mí me gusta saber que tengo mis ahorros para cualquier emergencia económica, imprevisto y hasta para los gastos y compras planificadas.

¿Cuánto dinero tienes en tus ahorros?

Esta pregunta es súper importante, pero la mayoría de las personas no la saben contestar de manera concreta.

Usualmente, tienes ahorros en diferentes bancos o los tienes en conjunto con tu cuenta corriente.

A esto añádele que es muy probable que no tengas ahorros suficientes y, si los tienes, te felicito. Si no los tienes, lo que estamos discutiendo en este libro te ayudará a aprender lo que debes hacer para alcanzar tu meta de ahorros.

Estás aquí aprendiendo y dándolo todo por tu presente y futuro financiero.

Algunos de nosotros estamos cargados con unos traumas tremendos en el tema de las finanzas, pero específicamente en los ahorros. Por un lado, al menos a mí, siempre me decían "ahorra para cuando no tengas dinero". Y, por otro lado, en casa no había ahorros. Quizás por eso siempre mami me decía que ahorraría algo de dinero.

Quizás creciste en una familia en la que cada vez que había que comprar enseres, aplicaban a un préstamo o una tarjeta de crédito con 0 % de interés del lugar donde estaban comprando.

Eso es una práctica común en muchos de nuestros hogares. Necesitamos enseres, muebles nuevos o cualquier cosa para el mantenimiento del hogar. Sabemos que en algún momento vamos a necesitar hacer un equipamiento y la solución más rápida y fácil cuando no tenemos ahorros, es utilizar el financiamiento.

Pero hoy día con buena educación y planificación financiera puedes tener fondos suficientes en tu cuenta de ahorro para enfrentar cualquier gasto planificado o no planificado.

Ahora contestemos la pregunta de esta sección.

La respuesta corta es: el dinero suficiente para cubrir los pagos de deudas, y gastos fijos y necesarios de tu hogar, en caso de que te quedes sin empleo, multiplicado por 3-6 meses, pero quizás necesitas más, dependiendo de tu entorno y situación.

En el pasado, yo estuve de acuerdo con la idea de que tener un fondo de ahorros para emergencias o de paz mental de $1,000 era suficiente. Sin embargo, basada en mi experiencia actual, eventos mundiales y la volatilidad de algunos empleos, la idea de que $1,000 son suficientes para comenzar no es real.

Claro… para una persona que tiene $0, es buenísimo tener $1,000, pero no nos debemos detener ahí.

Ahora mismo, con tu presupuesto en mano determina cuánto es lo mínimo que debes tener en tu cuenta de ahorros. Las categorías que debes considerar en este cálculo son los pagos mínimos de deudas, los gastos fijos y los gastos necesarios para sustentar tu hogar.

Comienza teniendo un mes de todas estas categorías en tu cuenta de ahorros de alto rendimiento. Esta recomendación sustituye la sugerencia de tener $1,000.

Una guía adicional de cuanto debes tener en tus ahorros:

1. Si manejas las finanzas en pareja y se les hace fácil conseguir trabajo, te recomiendo que tengas 3 meses.

2. Si manejas las finanzas de la casa sola y tienes dependientes, te recomiendo que tengas 6-9 meses en ahorros.

3. Si manejas las finanzas de la casa sola y no tienes dependientes, te recomiendo que tengas 3-6 meses.

4. Si tienes tu propio negocio, te recomiendo que tengas 6-12 meses. Este es el grupo que maneja el mayor riesgo en las finanzas, más aún si tienes un equipo de trabajo.

Ahora, busca una cuenta de ahorros que te dé buen rendimiento o una high yield savings account como se le conoce en inglés. **No tengas tu dinero en una cuenta de ahorros que ni siquiera te da las gracias.**

No olvides que, además de ahorrar para esas cosas que sabemos van a ocurrir, pero no sabemos cuándo; ahorra para las vacaciones y otros gastos que estás consciente de que vas a hacer. La prioridad es ese ahorro base que te da paz, pero después de que tengas tu dinero guardado en esa partida, se ahorra para las cosas que nos dan felicidad también.

¿No sabes de dónde vas a sacar el dinero para ahorrar ese primer mes y los necesitas ya?

Aquí te voy a dar unas cuantas ideas para que ahorres ese dinero rapidito con estrategias que puedes comenzar desde hoy mismo:

- ¿Puedes ahorrarlos haciendo ajustes en tu presupuesto? Una vez que hagas tu primer presupuesto, inténtalo por una a dos semanas y revisa en qué áreas puedes hacer ajustes. Estos ajustes progresivamente te pueden ayudar a ahorrar dinero.

- ¿Puedes hacer ajustes al pago de tus deudas? Es muy común en nuestra comunidad, por ejemplo, dar un poco más del pago mensual a las tarjetas de crédito o a los préstamos, tratando de salir de esa deuda, pero si tu enfoque principal en estos momentos es ahorrar ese primer mes, puedes pagarles el mínimo a todas tus deudas y enfocarte en este ahorro por unas semanas o meses. Una vez que tengas este ahorro listo, entonces vuelves a tu plan para salir de deudas.

- ¿Puedes vender cosas que ya no usas en tu hogar o en tu clóset? Hoy es fácil vender cosas en línea con las redes sociales y las aplicaciones de reventa. Quizás hay algunas cosas en tu clóset o en tu garaje que utilizas una o dos veces al año y no son tan relevantes para tu vida, pero para otras personas en la comunidad pueden serlo y están dispuestas a pagar el precio.

- ¿Qué servicio o producto le puedes ofrecer a tus amistades o a tu comunidad? Hay servicios como tutorías, cuidado de niños, cuidado de mascotas, entre otros, que la comunidad siempre necesita. Si tienes la paciencia y el tiempo, piénsalo. Hay otras maneras de hacer dinero dando servicios. Por ejemplo, puedes crear un producto físico o digital y venderlo para generar dinero extra. Esta es una opción, pero toma tiempo.

- Abre tu cuenta de ahorro de alto rendimiento. Esta cuenta genera intereses todos los meses y esos ingresos serán parte del balance de tu fondo de ahorro.

¿Debo tener tres meses o más en ahorros?

La cantidad de meses de gastos fijos y necesarios y pagos de deudas que vayas a tener depende de varias cosas.

Ya lo discutimos un poco en la sección anterior, pero quiero darte unas ideas adicionales.

Primero que nada, piensa en lo que te dará paz mental y la cantidad de meses de decisiones adecuadas que debe transcurrir para contribuir a que tus finanzas personales no colapsen.

- ¿Cuántas personas dependen de ti y de tus ingresos? Si eres solo tú, quizás puedes hacer ajustes al momento de utilizar los ahorros y que el dinero te rinda más.

- ¿Cuántas maneras tienes de generar ingresos? Si tienes una sola fuente de ingresos, entonces este fondo se hace aún más importante. Si tienes varias fuentes de ingresos, entonces tienes otras maneras de darte el sustento necesario para que no tengas un gran impacto en tus finanzas.

- ¿Qué tan fácil se te hace encontrar trabajo? En caso de que pierdas el trabajo, si tomas 1 mes en conseguir un trabajo nuevo puede ser que no necesites tanto en ahorros.

Ahora, este fondo de ahorros es para cualquier emergencia financiera, no solo pérdida de empleo. Al menos que ya tengas otros fondos de ahorros, este dinero te servirá para emergencias de pérdida de empleo, pero también para gastos inesperados por razones de salud, mantenimiento o reparación de cosas en el hogar o el auto y otros imprevistos más que pueden suceder. **Usualmente, no estamos preparados económicamente para imprevistos.**

¿Qué cuenta utilizo para ahorrar?

Aquí tienes que utilizar el método que me gusta: **"Ojos que no ven, bolsillo que no gasta"**.

- Vas a comenzar abriendo una cuenta de ahorro de alto rendimiento o una high yield savings account. Este tipo de cuenta, históricamente, ha dado un rendimiento anual de 2%.

- Comienza a hacer transferencias automáticas a esa cuenta, preferiblemente una cuenta que no tenga tarjeta de débito y no tengas acceso rápido. Es importante mencionar que los intereses de estas cuentas son variables, pero aun así son una mejor opción que las cuentas de ahorros de los bancos más tradicionales. Además, los intereses ganados en el transcurso del año deben ser reportados en tus impuestos. A principios de cada año vas a recibir una forma que debe ser incluida en el área de ingresos de tus planillas anuales.

- **Establece transferencias automáticas a tus cuentas de ahorros con la misma frecuencia con la que generas ingresos.** Si esta es la primera vez que comienzas a ahorrar, la cantidad que ahorras es menos relevante que crear el hábito de ahorrar. Durante este proceso de organizar tus finanzas personales, es importante ahorrar con consistencia, crear el hábito y dejar ese dinero tranquilo. Eventualmente, puedes aumentar la cantidad de tus transferencias y metas de ahorros.

¿Cuánto debe ahorrar la persona que tiene ingresos variables?

¿Recuerdas que te dije que vas a ahorrar el dinero para sustentar tu vida?

Tu cálculo de la cantidad que debes ahorrar sigue la misma regla. Necesitas en tu cuenta de ahorros la cantidad para sustentar tus necesidades básicas por el tiempo que sea necesario.

Aquí la variable importantísima va a ser cuánta cantidad puedes ahorrar cada vez que generes ingresos.

Si tienes ingresos variables, quizás trabajas por temporadas o seasonal, y en algunos momentos recibes más ingresos que en otros.

Lo que vas a hacer es calcular primero cuáles son esos gastos mensuales que debes cubrir, sin importar cuánto sean tus ingresos. Este cálculo, que ya lo debes tener en tu presupuesto, va a ser la base de tus ahorros. Después vas a determinar cuántos meses quieres tener en tus ahorros. Durante los meses que generes pocos ingresos, quizás no puedas ahorrar una cantidad fija predeterminada. Durante los meses que tengas ingresos más altos, vas a añadir dinero extra a tus ahorros.

¿En qué institución debes abrir la cuenta?

Hay muchas instituciones que ofrecen excelentes productos financieros.

Te recomiendo buscar una que esté asegurada por el FDIC. Este no es dinero para ponerlo en riesgo o inversiones. Además, debes conseguir una cuenta que no tenga cargos por servicios y que no requiera un balance mínimo. Esto es súper importante porque los ahorros en estas cuentas son para usarse. Aunque nos dé miedo que la cuenta llegue a casi cero, son para usarse.

Entonces, imagínate que eliges una cuenta que te pide tener cierto balance mínimo y te ocurre un evento que te obliga a usar todo el dinero. Te van a hacer cargos por servicio que consumen el balance que dejes ahí o te reducirán los intereses.

Esto puede ocurrir.

Asegúrate de buscar una cuenta que te ofrezca un rendimiento más alto que las cuentas de ahorros regulares.

Busca en línea una high yield savings account y LEE LAS LETRAS PEQUEÑAS.

Es importante señalar que vas a poner este dinero en una cuenta de ahorros porque lo quieres tener accesible.

Hay quienes me preguntan por certificados de depósitos, y de eso no es de lo que estamos hablando en esta sección.

Tú quieres el dinero accesible y sin restricciones. Tú quieres hacer transacciones a tu cuenta corriente cuando lo necesites y listo. No estamos buscando poner el dinero en una herramienta financiera que tenga restricciones y riesgos.

¿Los intereses que recibo en esta cuenta son tributables?

Sí, tienes que reportar los intereses que recibe esta cuenta o de cualquier otra cuenta como ingreso en tus impuestos. A principio de año, durante los meses de enero o febrero, vas a recibir una forma con los detalles de los intereses que recibiste y esta información debe ser reportada en la sección de ingreso.

No dejes que esta idea de que tienes que pagar impuestos sobre esos intereses que vas ganando detenga tu plan de aumentar tus ahorros. **Vamos a pasar de la mentalidad de pobreza a la mentalidad de planificación financiera y de inversionista** porque vamos a lograr la independencia financiera.

Ahora te toca a ti

1. Determina cuánto dinero necesitas en tus ahorros de emergencia o paz mental.

2. Establece tu meta de ahorros, la cantidad y frecuencia con la que tienes que transferir dinero.

3. Abre tu high yield savings account.

4. Establece transferencias automáticas.

5. Monitorea tus transferencias y cuentas, haciendo los ajustes necesarios a medida que pasa el tiempo.

6. Una vez tengas ese fondo completo, ahorra para otras cosas.

12

Deudas y crédito

Hay diferentes tipos de deudas y lo más interesante es que no todas las deudas afectan tu crédito de la misma manera.

Están las deudas que son casi necesarias para evolucionar financieramente. Por ejemplo, la hipoteca de un hogar, el auto y los préstamos estudiantiles.

Por otro lado, hay deudas que no son realmente necesarias, pero las obtenemos en algún momento de nuestras vidas por conveniencia. Por ejemplo, las deudas de tarjetas de crédito, los préstamos personales y préstamos de consolidación.

A esto le añadimos las deudas por invertir o por negocio, ya sea que quieres comprar propiedades para el alquiler o necesitas una línea de crédito para levantar tu negocio. Si la oportunidad de negocio te sale bien, te puede generar flujo de efectivo.

Basada en mi experiencia profesional y personal, la deuda de tarjeta de crédito afecta tu crédito y refleja mayor volatilidad. Discutiremos esto en más detalles en el área de crédito.

Deudas

Si tienes deudas, quiero decirte que no eres la única persona en esa situación.

Ante el aumento del balance de las deudas de consumo en nuestros hogares, es importante entender que existen maneras de organizar nuestras finanzas personales para salir de las deudas.

Pero si no haces nada y continuamos arrastrando grandes saldos de tarjetas de crédito o financiando un estilo de vida, con préstamos nuevos, será difícil salir de las deudas de una vez y por todas.

Afortunadamente, existen varias formas probadas de acelerar tus pagos de deudas para salir de ellas cuanto antes.

Durante el proceso de creación de presupuesto identificamos las deudas de consumo y sus balances. Aquí te explico varios métodos para acelerar el pago de deudas de consumo.

¿Cuál es la meta?

La meta real para salir de deudas, o la motivación, es salir del ciclo de usar la mayoría o una gran parte de nuestros ingresos para pagar deudas.

No sé cuánto pagas en deudas al mes, pero calcula e imagina lo que puedes hacer con ese dinero todos los meses si no tuvieras que pagarlo en deudas: ahorrar, invertir, disfrutar, etc.

Antes de comenzar a trabajar en tu plan para salir de deudas, piensa en lo que potencialmente te dará más motivación: salir de la deuda más pequeña de inmediato, pagar la que tiene el interés más alto primero o salir de la que te da el mayor dolor de cabeza.

Mantener la motivación en este proceso es bien importante, ya que el proceso de salir de estas deudas puede tomar años.

Si quieres atacar la lista de deudas rapidito, debes organizarla de acuerdo con los balances y comenzar a saldar la que tiene el balance menor. Si, por el contrario, quieres ahorrarte dinero en intereses, entonces debes organizar tu lista de acuerdo con el porcentaje de interés de mayor a menor.

No importa el método que elijas. Recuerda que la meta en todo este proceso es pagar deudas de consumo lo más rápido posible y no envolvernos en ese ciclo nunca más.

Según un estudio publicado por Experian, basado en números del año 2019, el balance de algunos tipos de deudas de consumo en Estados Unidos ha aumentado considerablemente en los últimos 10 años. Además, se publicó que en promedio la gente tiene un saldo en tarjetas de crédito de $6,000. Añádele a eso pagos por auto, préstamos y otros.

Es momento de tomar acción y salir de deudas de una vez. Esto tomará tiempo, pero el resultado es 100% extraordinario. Te lo garantizo. Soy testimonio de que es así.

Los beneficios de estar libre de deudas

Imagínate lo que puedes hacer con tu dinero si no tuvieras que pagar deudas.

Basada en una encuesta que le hice a la comunidad de Dinero en Spanglish, la mayoría de las personas en la comunidad pagan mensualmente $700 en deudas de consumo. Esto no incluye la hipoteca. Estamos hablando de $8,400 al año.

Yo no sé qué piensas tú, pero yo creo que $8,400 al año es un montón de dinero.

Quizás piensas como pensaba yo hace unos años: Un pago cómodo al mes de $500 de carro no es nada. Tener un carro nuevo me da seguridad.

Déjame decirte que tener un carro usado en buenas condiciones se siente mejor que hacer el pago al mes.

Para comenzar tu camino a estar libre de deudas, hay unos cuantos métodos que puedes utilizar para salir de las deudas y todos requieren tu disciplina.

Unos métodos van a requerir un poco más de organización, mientras que otros requieren productos financieros.

Método de la bola de nieve

En este método de aceleración de pago de deudas debes preparar la lista de todas las deudas de consumo que tengas.

Esta lista debe estar organizada de acuerdo con los balances de menor a mayor. El propósito de este método es acelerar el pago de deudas desde la que tiene menor balance a la de mayor balance.

Una vez pagada en su totalidad la deuda de menor balance, añadirás el dinero que utilizabas para pagar a la deuda que le sigue.

Así continuas el proceso hasta que termines de pagar todas las deudas de consumo.

Ejemplo:

Deudas	Balance	Interés	Pago mensual
Préstamo personal	1,717.45	6%	46.00
Tarjeta de crédito	6,800.00	24.99%	232.00
Préstamo de auto	15,000.00	6%	300.00
Total	23,517.45		578.00

En este ejemplo, asumimos que tienes $500 mensuales para acelerar los pagos y se saldarán todas las deudas en 25 meses. El pago total mensual a deudas durante este tiempo será de $1,078, en vez de $578.

Número de mes	Préstamo personal	Tarjeta de crédito	Préstamo de auto
1	546.00	232.00	300.00
2	546.00	232.00	300.00
3	546.00	232.00	300.00
4	546.00	680.37	300.00
5	97.63	778.00	300.00
6		778.00	300.00
7		778.00	300.00
8		778.00	300.00
9		778.00	300.00
10		778.00	300.00
11		778.00	300.00
12		778.00	300.00
13		360.67	717.33
14			1,078.00
15			1,078.00
16			1,078.00
17			1,078.00
18			1,078.00
19			1,078.00
20			1,078.00
21			1,078.00
22			1,078.00
23			1,078.00
24			1,078.00
25			62.06

Método de la avalancha

En este método de aceleración de pago de deudas vas a preparar una lista de las deudas y las organizamos de acuerdo con el interés.

Las deudas se pagan partiendo del interés más alto hasta el más bajo. En otras palabras, la deuda del interés más alto se paga primero.

Una vez la deuda de interés mayor ha sido pagada en su totalidad, continúas usando el dinero para la próxima deuda en la lista.

Ejemplo:

Deudas	Balance	Interés	Pago mensual
Tarjeta de crédito	6,800.00	24.99%	232.00
Préstamo personal	1,717.45	6%	46.00
Préstamo de auto	15,000.00	6%	300.00
Total	23,517.45		578.00

Número de mes	Préstamo personal	Tarjeta de crédito	Préstamo de auto
1	732.00	46.00	300.00
2	732.00	46.00	300.00
3	732.00	46.00	300.00
4	732.00	46.00	300.00
5	732.00	46.00	300.00
6	732.00	46.00	300.00
7	732.00	46.00	300.00
8	732.00	46.00	300.00
9	732.00	46.00	300.00
10	732.00	46.00	300.00
11	317.44	460.56	300.00
12		778.00	300.00
13		107.83	970.17

Número de mes	Préstamo personal	Tarjeta de crédito	Préstamo de auto
14			1,078.00
15			1,078.00
16			1,078.00
17			1,078.00
18			1,078.00
19			1,078.00
20			1,078.00
21			1,078.00
22			1,078.00
23			1,078.00
24			872.68

¿Cuál método elegir?

Cualquiera que sea el método que elijas para salir de tus deudas, asegúrate que los pagos estén considerados en tu presupuesto.

Cuando comenzamos este proceso en casa, el método que adaptamos y nos funcionó fue el método de la bola de nieve.

Este método te permite salir de deudas más rápido, ya que vas pagando la de menor balance primero.

Por ejemplo, si tienes una deuda con un balance bajo, imagínate la emoción cuando ya queda con balance de $0.00.

Consolidación de deudas y transferencias de balances

La consolidación de deudas y/o la transferencia de balance pueden ser alternativas sólo si:

1. La matemática tiene sentido.

2. La razón por la que estás en deudas no se repetirá.

La matemática tiene sentido

Antes de tomar la decisión de consolidación de deudas o transferir tu balance a una nueva tarjeta de crédito con 0% de interés, ya debes tener tu presupuesto y el listado de tus deudas.

No debes tomar esta decisión a la ligera.

Debes considerar el balance de tus deudas, tus intereses, cuánto pagas al mes en todas las deudas vs. cuánto sería el balance, interés, y pago mensual de la deuda nueva.

También debes considerar que, durante este tiempo, mientras pagas el préstamo de consolidación o la tarjeta de crédito a la cual transferiste el balance, NO -y repito NO- debes acumular deudas nuevas.

Por último, considera cuánto realmente te van a aprobar en esta nueva cuenta, basados en tu puntuación de crédito actual ¿Será la cantidad suficiente para aliviar tu carga?

Te voy a dar un ejemplo real.

En marzo de 2023 comencé a trabajar con una chica que estaba ready para declararse en bancarrota.

Ella tenía sobre $30,000 en deudas de tarjeta de crédito. Es dueña de su propio negocio y la pérdida de ingresos durante el tiempo de la pandemia le afectó al 100%.

Durante el primer mes de trabajar juntas, le pedí que hiciera su presupuesto personal y el de su negocio. Hablamos de cuánto era lo mínimo que debía tener en sus ahorros, y creamos el listado de sus deudas.

Basadas en esta información y su puntuación de crédito al momento, decidimos darle una oportunidad a trabajar en un método híbrido de aceleración de pago de deudas.

Ya ella tenía unas tarjetas de crédito con 0% de interés y comenzamos a pagar deudas, de acuerdo con el listado que tenía más sentido.

Nueve meses después, ya TODAS las deudas estaban en $0.

¿Qué hizo? En sus propias palabras, dejó de hacer compras innecesarias, dejó de ir a las tiendas just because, buscó maneras de hacer dinero extra y se enfocó en su plan financiero y en salir de deudas. Ella ya no quería seguir con ese stress de las deudas.

NO te vuelvas a endeudar

Por experiencia propia, te puedo decir que nada de esto funciona si aún vives gastando más de lo que puedes, sigues haciendo compras compulsivas o sigues gastando porque alguien proveerá.

Los préstamos de consolidación son para mí la última recomendación porque, en la mayoría de los casos, como el ejemplo anterior, unos meses de ajuste puede tener un mejor efecto en tus finanzas personales.

- ¿Cuándo es conveniente hacer transferencias de balance?

  - Tienes buen crédito.

  - Puedes pagar el balance en o antes de la fecha de vencimiento del 0%, usualmente 12-18 meses.

  - Te aprueban el suficiente crédito para transferir TODO el balance endeudado en las otras tarjetas de crédito.

  - Estés de acuerdo con el cargo administrativo de la transferencia de balance que puede ser entre 3% - 5%. Este proceso de transferencia de balances a tarjetas de crédito nuevas NO es gratis.

- ¿Cuándo es conveniente hacer un préstamo de consolidación?

  - Cuando ya has hecho el análisis y te ahorras tiempo y dinero.

- ○ Cuando ya has manejado tu relación con el dinero y la situación financiera que te llevó al endeudamiento.

- ○ Tienes la puntuación de crédito adecuada para esta nueva deuda.

Ideas y alternativas

Una vez termines de pagar la primera deuda, en tu lista sigue la siguiente. El propósito de estos métodos de aceleración de pago de deudas es utilizar el dinero que estás utilizando HOY para pagar tus deudas, por el tiempo que sea necesario, hasta que termines de pagar todas las deudas en tu lista.

- Utiliza cualquier dinero extra para el pago de deudas. Si recibes algún bono, aumento de salario, o cualquier dinero adicional (como una devolución de pago de impuestos), utilízalo para esto.

- Monitorea y actualiza tu presupuesto con frecuencia. Los ejemplos de las tablas anteriores no asumen ningún cambio en ingresos o gastos, pero sabemos que esa no es la realidad.

- Considera reducir gastos variables y/o maneras de generar ingresos adicionales mientras estás en este proceso.

- Comunícate con tu compañía de tarjeta de crédito y verifica si te pueden ajustar el interés.

- Transfiere balance a tarjeta de crédito con 0.00% de interés. Esto funciona si puedes pagar el balance transferido en el periodo establecido bajo el acuerdo de transferencia.

- Consolidación de deudas. Esta debe ser la última alternativa, ya que si no cambias tus hábitos de gastos vas a volver a endeudarte. En este caso, terminarás con deudas nuevas más el pago de consolidación.

- Si tienes préstamo de auto y el balance y el pago mensual son muy altos, considera venderlo y conseguir algo más económico. Necesitas una movilización segura, no lujosa.

Crédito

El crédito es una herramienta súper poderosa, ya que depende como esté tu puntuación, te abre o cierra puertas. Los productos financieros disponibles para personas con un crédito de 750+ no son los mismos que se ofrecen a una persona con un crédito de 550.

Hay algo que nunca entenderé sobre la utilización de crédito.

Sí entiendo el concepto, pero no el truco de las instituciones bancarias.

¿Para qué me dan un límite en la tarjeta crédito de $10,000, pero me penalizan si se reporta a las agencias de crédito que utilicé todo el crédito de manera negativa?

Es hora de reconocer mis habilidades.

Como no tenemos el poder de cambiar el sistema de créditos, pues nos toca aprender estrategias para ir mejorando el crédito poco a poco.

No importa el tipo de deuda que tengas, los conceptos que vamos a discutir en esta sección son súper importantes.

Hay dos tipos de interés:

- Intereses fijos (de los préstamos)

- Intereses variables (por ejemplo, los de las tarjetas de crédito).

Hace unos cuantos años atrás, hubo una lluvia de hipotecas de interés variable, pero desde entonces estas se han vuelto menos comunes.

Muchas familias aprendieron una lección financiera: que los intereses se iban a mantener bajos o que iban a bajar, era solo especulación.

La puntuación de crédito

Tu puntuación de crédito es una de las métricas más importantes en tus finanzas personales. Tener un crédito bueno o excelente te puede ahorrar tiempo, muchísimo dinero y hasta dolores de cabeza.

¿Cómo se mide el crédito y qué lo afecta?

El crédito es calculado en la escala FICO® con una medida de entre 300 – 850.

850 representa un crédito "Excelente".

Las instituciones financieras y acreedores basan su decisión de tus aplicaciones mayormente en este puntaje.

Las instituciones financieras te catalogan como un cliente de alto o bajo riesgo, basado en tu puntaje crediticio.

Si tienes un puntaje bajo, las instituciones financieras consideran que es posible que no pagues tus deudas a tiempo o nunca las pagues.

Si tienes un puntaje crediticio mayor, las instituciones financieras asumen que vas a hacer todos tus pagos a tiempo y por esto eres de menor riesgo.

Alguna vez te has preguntado, ¿cómo se calcula el crédito?

En la próxima sección vas a saber cómo.

La medición del crédito está basada en lo siguiente:

- Historial de pago (35%): Esta porción del cálculo muestra si haces tus pagos a tiempo o si has emitido algún pago tarde. Por lo general, cualquier institución financiera puede reportar tus atrasos de pago si estás 30 días o más pasado la fecha de pago. También muestra cuántas cuentas has pagado tarde y si ya estas cuentas han sido pagadas o no. Así que, si pagas a tiempo todas tus cuentas, mucho mejor. Si no lo haces, puedes ver como tu crédito se afecta de manera negativa.

- Balance de las deudas (30%): Esta parte es un poco complicada y lo debes pensar como "uso de crédito" en deudas de consumo. En esta sección del puntaje, las deudas de consumo, en especial las tarjetas de crédito, tienen un mayor impacto. Pero también toma en consideración cuánto debes en total, comparado con tu límite de crédito. Por ejemplo, para efectos de esta sección, es peor tener una tarjeta de crédito con una línea de $10,000 y un balance de $8,000, en vez de varias cuentas con líneas de crédito mayor de $10,000, pero en total debes $8,000. No está basado en cuánto debes sino en cuanto crédito adicional tienes disponible.

- Historial de crédito (15%): En esta sección se mide cuánto tiempo tienes las cuentas abiertas y durante ese tiempo cómo has hecho tus pagos. Mientras más cuentas "viejas" tengas, mejor; y añádele a eso si has hecho la mayoría de tus pagos a tiempo. Es por esta razón que recomiendo 100% abrir cuentas de calidad. Por ejemplo, **no aceptes ofertas de tarjeta de crédito en la registradora de las tiendas.** Es mucho mejor abrir cuentas con instituciones financieras que te provean beneficios a largo plazo.

- Tipo de cuentas abiertas (10%): En esta sección se mide todos los tipos de cuentas que tienes abiertas; préstamos de auto, préstamos hipotecarios, préstamos personales, tarjetas de crédito, etc.

- Actividad reciente (10%): La actividad reciente puede afectar tu crédito. Si aplicas a varias deudas como tarjetas de crédito o préstamos personales a la vez, puedes indicar a las instituciones financieras que estás en problemas y que te puedes convertir en un cliente de riesgo negativo.

¿Cómo mejorar el crédito?

Si necesitas mejorar tu crédito quizás tengas la tentación de contactar a una agencia que se dedica a mejorar el crédito. Antes de comenzar un contrato con una agencia que ofrezca este tipo de servicio, te recomiendo que hagas lo siguiente:

- Revisa tu reporte de crédito periódicamente: Esto debe ser parte esencial de tu plan financiero. Puedes pedir un reporte de crédito inicial a las 3 agencias mayores en los Estados Unidos: Experian, TransUnion y Equifax. Una vez revises y valides que todas tus cuentas son correctas, utiliza una aplicación que permita monitorear tu crédito. Hoy en día, los bancos proveen este tipo de servicio. Continúa revisando tu crédito todos los años con un reporte, como el que se provee en www.annualcreditreport.com

- Procesa todos tus pagos de deudas a tiempo. No importa si sólo puedes hacer el pago mínimo, lo importante es que no pagues tarde. De ser posible, crea pagos automáticos para todas tus cuentas. De esta manera no se te olvida pagar el balance mínimo y, si quieres pagar más, puedes destinar un monto adicional. Es importante en esta área que, aunque hagas los pagos automáticos, te asegures hacerlos teniendo en cuenta tu estado de cuenta del banco. En ocasiones, las instituciones financieras, a pesar de que tienen tu información bancaria y aprobación, no procesan los pagos a tiempo y esto puede afectar negativamente tu crédito; o, peor aún, no te das cuenta porque confías en que la institución financiera se está haciendo cargo de esto.

- Mantén balances en tarjetas de crédito bajos, en menos de 30%, preferiblemente 0-20% de las líneas de crédito. Por ejemplo, una tarjeta de crédito con una línea de crédito de $10,000, debe tener un balance al final del ciclo de facturación de $3,000 o menos.

- Mantén todas las cuentas activas y abiertas mientras mejoras tu crédito. **Cerrar cuentas puede afectar tu crédito negativamente por unos meses.**

- No apliques a cuentas nuevas. Las instituciones financieras hacen dos tipos de estudio de crédito "hard" y "soft". Los "hard" afectan tu crédito porque son para abrir cuentas nuevas. Si tu reporte de crédito indica que estás abriendo muchas cuentas a la vez, le alerta a las instituciones financieras de que eres un cliente riesgoso. La idea que entra al sistema gira en torno a las siguientes preguntas: ¿Por qué esta persona necesita tanto crédito en un periodo de tiempo tan corto? ¿Está en problemas? **Si piensas abrir varias cuentas en un mismo año, al menos espera 30 días entre una cuenta y otra.**

- Crea tu plan para salir de deudas siguiendo los pasos discutidos en la sección de deudas. Si no recuerdas los detalles, vuelve para allá, pero aquí te dejo un pequeño resumen: Organiza tus números y decide el plan de aceleración de pagos que vas a utilizar, decide entre el método de la avalancha, la bola de nieve o un método híbrido para salir primero de esa deuda que te lleva por el camino de la amargura.

- Consolidar tus deudas es la última opción. No suelo recomendarla, pero funciona si tienes muchas deudas, has manejado la situación o relación con el dinero que te llevó a tener las deudas que tienes ahora, y ya estás listo para tomar control de tu dinero. Si no estás listo para tomar control de tu dinero, no lo hagas porque vas a terminar con un pago de préstamo más otras deudas nuevas. Te lo digo por experiencia propia y de la comunidad de Dinero en Spanglish.

¿Cuántas veces has visto gente, o te has visto a ti mismo o misma, en un espiral de endeudamiento del que no sales porque tomas un préstamo de consolidación que promete liquidar todas las deudas y dejarte con un solo pago cómodo? Fast forward…

En unos meses o años después, te encuentras con deudas nuevas más el pago del préstamo de consolidación.

¿Por qué ocurre esto? Esto se debe a que la mayoría de nosotros, ya sea que tenemos un problema de entradas o salida de dinero, no atacamos el problema real que nos está llevando al endeudamiento.

El préstamo de consolidación se convierte en una solución rápida y aparentemente sencilla. Sin embargo, seguimos con el mismo problema o hábito financiero que nos llevó al endeudamiento en primer lugar.

Ya sea que los ingresos son menores que las salidas de dinero o las compras compulsivas sean lo que te lleva a las deudas, te invito a que uses este momento para tomar una pausa y realmente evaluar tu situación financiera.

Yo también he tomado préstamos de consolidación de deudas en mi vida… dos para ser exacta, y ¿sabes qué? Volví a endeudarme igual o peor que antes del préstamo de consolidación.

Y, como si eso no hubiese sido suficiente, saqué dinero de mi 401K para pagar deudas y ¿sabes qué?... pagué los impuestos, la penalidad, perdí la oportunidad de dejar crecer ese dinero ahí y seguí metiendo la pata. La consecuencia de este cúmulo de decisiones fue que VOLVÍ A ENDEUDARME.

Después de leer esto, puedes reírte de mí o conmigo, aprender de esto o todas las anteriores. La realidad es que nadie aprende por cabeza ajena.

Hasta que no desarrolles tus metas financieras y entiendas cómo puede mejorar tu situación financiera si comienzas a manejar tu dinero de acuerdo con tus valores, metas financieras, con el deseo de mejorar tu presente financiero y con el deseo de mejorar tu futuro financiero y el de las próximas generaciones, nada cambiará.

El precio de tener buen crédito

¿Ya sabes cuál es tu puntuación de crédito?

¿Cada cuánto tiempo revisas tu crédito?

¿Sabes cuánto puedes ahorrar a lo largo de tu vida si tienes un crédito bueno o excelente?

Tener buen crédito te puede ahorrar muchísimo dinero en cualquier transacción y claro... define la aprobación o denegación de tus aplicaciones a productos financieros.

El crédito define cuanto una institución financiera te puede "prestar" y el costo de la transacción como intereses y cargos adicionales.

A continuación, te proveo un listado de varias cuentas que se pueden afectar, basadas en tu crédito:

- Depósitos en renta de vivienda.

- Intereses en préstamo de auto.

- El costo del seguro de auto.

- Los intereses y el término de tu préstamo hipotecario.

- Los intereses y términos de los préstamos en general.

- Los intereses de las tarjetas de crédito.

Por ejemplo, si estás aplicando a una hipoteca de $240,000 a 30 años:

- Crédito Excelente (760-850):

    o Interés 7.479%. Pago mensual: $1,675. Total de pagos: $603,000.

- Crédito Bajo (620-639):

- ○ Interés: 9.068%. Pago mensual: $1,943. Total de pagos: $699,480.

Quizás piensas que, por 30 años, la diferencia de $96,480 no es importante, o quizás piensas que estos intereses son temporales y se refinancian luego.

Olvídate de esas dos cosas.

Imagínate lo que puedes hacer mensualmente con $268 extra, ya sea ahorrados para el próximo viaje o invertidos para tu retiro.

Recomendaciones finales

Cuando estés trabajando con tu crédito, mantén tus cuentas activas, balance de tarjeta de crédito bajo, paga tus deudas a tiempo -no importa si solo haces el pago mínimo- y sé responsable con tu crédito.

EL CRÉDITO NO SE PRESTA.

Si haces algún acuerdo con un amigo o familiar, asegúrate de que tú, y solo tú, puedas pagar esa deuda, en caso de que tu amigo o familiar no cumpla con el acuerdo.

Una vez que pones tu número de seguro social en una aplicación, esto significa que estás de acuerdo con todos los términos y la responsabilidad que hay detrás de esa aplicación.

Las instituciones financieras no van a escuchar todas las razones por las que firmaste el préstamo o porque la persona que se supone fuera responsable no hace los pagos a tiempo. Sólo les importa que todo se pague a tiempo y eventualmente recuperar su dinero.

Tu puntuación de crédito no tiene NADA que ver con tus ingresos, pero sí con cómo manejas tus responsabilidades económicas.

Escanea este código QR para obtener más información

13

Tarjetas de crédito

En este mundo de las finanzas personales, con tantas herramientas financieras disponibles, las tarjetas de crédito son como un arma de doble filo.

Bien utilizadas, pueden ser aliadas estratégicas que te abren puertas a oportunidades financieras porque pueden mejorar tu puntuación de crédito.

No obstante, mal manejadas pueden convertirse en enemigas que te alejan todos los días de tu estabilidad económica.

Usar las tarjetas de crédito de manera inteligente es completamente necesario.

La deuda de tarjetas de crédito a nivel nacional en el 2023 supera $1 trillón, según datos recientes. Este número es un reflejo del manejo de las finanzas, la inflación y de los retos que enfrenta la población al manejar sus ingresos, gastos y deudas.

La tasa de interés anual promedio en deudas de tarjetas de crédito es de 27.89%. Es crucial comprender este dato, ya que las tasas de interés elevadas pueden llevar a acumulación de deudas significativas si no se manejan adecuadamente.

¿Te ha ocurrido o has escuchado a alguien decir que le paga todos los meses la tarjeta de crédito, pero el balance no baja?

Esto ocurre porque estos intereses se siguen acumulando por encima de tu compra original. Los intereses mensuales en tu tarjeta de crédito se calculan no solo en la compra original, sino también en el balance total de la cuenta.

Un dato muy importante en las tarjetas de crédito es que hacer solo el pago mínimo mensual puede resultar en años de pagos continuos, debido a los intereses acumulados.

Actualmente, todos los estados de cuenta de tarjetas de crédito deben incluir una tabla ilustrando el efecto del pago mínimo, en cuánto tiempo terminas de pagar y cuánto dinero terminas pagando. Esta tabla te permite hacer dos lecturas: el pago mínimo y un pago un poco más grande.

Si no sabes el impacto de los intereses en las tarjetas de crédito, aquí te comparto este ejemplo:

Balance: $6,000

Interés anual ARP: 27.89%

Interés en un mes de 30 días: $139.07

Puedes ver que si mantienes el balance en la tarjeta de $6,000, acumulas un interés mensual de $139.07.

Fechas importantes en tu estado de cuenta

Las fechas importantes en un estado de cuenta de una tarjeta de crédito pueden variar según la institución financiera de la tarjeta, pero generalmente incluyen:

- Fecha de cierre: Es el día en que finaliza el ciclo de facturación. Todas las transacciones realizadas hasta este día se reflejarán en el próximo estado de cuenta.

- Fecha de vencimiento: Es la fecha límite para realizar el pago mínimo o total de la cantidad adeudada. Si el pago no se realiza antes de esta fecha, pueden aplicarse cargos por pagos atrasados y la institución financiera puede tomar acción sobre tu cuenta.

- Fecha de emisión del estado de cuenta: Es la fecha en la que se genera el estado de cuenta que detalla todas las transacciones, pagos, cargos y otras actividades en la cuenta durante el ciclo de facturación.

- Fecha de pago mínimo: Es la fecha límite para realizar el pago mínimo requerido por la institución financiera. Aunque hacer el pago mínimo evita los cargos por pagos atrasados, es importante recordar que pagar solo el mínimo puede resultar en intereses acumulados y llevar a una deuda más grande a largo plazo.

Además de estas fechas importantes, el estado de cuenta también puede incluir detalles sobre tasas de interés, cargos por pagos atrasados, límites de crédito disponibles y transacciones recientes, entre otra información relevante. Es fundamental revisar el estado de cuenta de la tarjeta de crédito regularmente para comprender mejor las finanzas personales y evitar cargos adicionales.

¿Cómo debes manejar tus tarjetas de crédito?

1. Utiliza la tarjeta de crédito de manera consciente y estratégica. Debes utilizarla como si estuvieras empleando tu tarjeta de débito. No debes cargar a la tarjeta más dinero de lo que sabes que puedes pagar todos los meses. Prioriza los gastos esenciales y evita acumular deudas innecesarias.

2. Intenta pagar el saldo total cada mes para evitar intereses acumulativos. Este hábito contribuye significativamente a

mantener tu estabilidad financiera y una buena puntuación de crédito. Si tienes balances de tarjetas de crédito elevadas y se te hace difícil o hasta casi imposible saldar el balance ahora mismo, puedes crear tu plan para salir de esa deuda.

3. Define límites de gasto mensual basados en tu presupuesto. Algunas tarjetas de crédito te permiten añadir una alerta de transacciones o de balance acumulados. Utiliza esta herramienta a tu favor y en conjunto con tu presupuesto.

4. Revisa los estados de cuenta periódicamente. En la actualidad, podemos revisar esas transacciones directamente desde nuestro teléfono. Haz esta revisión con la frecuencia que creas conveniente. Al menos debes revisar tus transacciones una vez al mes para asegurarte que no haya transacciones fraudulentas.

Las tarjetas de crédito son herramientas poderosas y su manejo requiere conocimiento y disciplina.

Recuerda… ¡las tarjetas de crédito no son free for all. ¡Hay que pagarlas!

Un pago tarde a tu tarjeta de crédito puede afectar negativamente tu puntuación de 100 puntos. Haciendo tus pagos al día y manejando tu utilización de crédito puedes mejorar tu puntuación de crédito cientos de puntos en solo unos meses.

14

Inversiones

Si llegaste a este capítulo porque leíste todos los capítulos anteriores y has tomado acción o ideas, te felicito.

Si llegaste a este capítulo porque es el único que te interesa en este libro y brincaste hasta aquí inmediatamente, porque quieres poner tu dinero a trabajar para ti, te felicito también. Sin embargo, te invito a crear un plan financiero completo con todas las demás áreas que he incluido aquí.

Antes de seguir, te tengo que decir o quiero que contestes un rotundo SÍ a las dos preguntas que te voy a hacer a continuación:

1. ¿Ya tienes al menos dinero suficiente en tu cuenta de ahorro para sustentar tus finanzas personales por tres meses? Estos ahorros son sumamente importantes, ya que te proveen seguridad. **El dinero de tus ahorros tiene un propósito y el dinero de tus inversiones tiene otro propósito.** Lo peor que puedes hacer es poner todo tu dinero en inversiones, y luego cuando te ocurra una emergencia, tener que sacar el dinero de las inversiones sin un análisis real de lo que estás

potencialmente perdiendo, considerando el impacto en tus impuestos, estrategias de inversión a largo plazo, entre otras cosas.

2. ¿Cómo vas con tu plan para salir de deudas? Tener un plan para salir de la deuda de consumo es muy importante. Las inversiones a largo plazo, de la manera que las utilizo y de las que hablo en esta sección, pueden tener un rendimiento a largo plazo de 6%, 8%, 10%, pero si le estás pagando a una deuda 6%+, la matemática no cobra sentido y tienes que volver al área de las deudas para hacer tu plan de acción.

    Dicho esto, es súper importante que, si tu patrono ofrece un plan de retiro y te da un match, no pierdas la oportunidad de invertir y recibir ese dinero que tu patrono ya ha presupuestado como parte de tu compensación.

Las inversiones son la manera real de crear riquezas, tú puedes ahorrar dinero, tú puedes presupuestar, tú puedes controlar tus gastos, pero si no inviertes tu dinero, no hay manera de multiplicar ese dinero.

Puedes invertir de diferentes maneras, ya sea en bienes raíces, en la bolsa de valores o en negocios. En este capítulo, en particular, me voy a enfocar en las inversiones simples y diversificadas, a través de la bolsa de valores.

Si te interesa aprender de Day Trading, este capítulo y mi contenido educativo no es para ti. Personalmente, prefiero las inversiones aburridas… esas en las que si dejas tu dinero en ese fondo de inversiones por 10 años o más, tu dinero crece a través de dividendos y el crecimiento natural de la bolsa de valores a largo plazo.

Aclaratoria adicional antes de continuar… El 90% del contenido de esto aplica a todos los países. Sin embargo, cuando hablo de tipos de cuentas, el enfoque es para las cuentas disponibles en Estados Unidos, excluyendo Puerto Rico.

De igual manera, esto lo estoy escribiendo en un momento fijo y la información en esta sección puede cambiar en cualquier momento. Por este motivo, no estoy poniendo reglas específicas y exactas, más bien te estoy proveyendo educación y recursos adicionales para que continúes con tu educación financiera.

Sentimientos y mitos

El tema de las inversiones es uno que puede resultar un poco complejo.

Pensar en inversiones es, a veces, conectarse con sentimientos y también con mitos relacionados con este tema.

Todos estos conflictos mentales surgen por la falta de educación financiera.

A continuación, te doy un listado de sentimientos y mitos. Algunos de ellos, seguramente, te sonarán familiares.

Sentimientos:

1. **Miedo a perder dinero:** Es común sentir miedo a perder dinero al invertir, pero es importante tomar decisiones informadas y aprender a manejar el riesgo.

2. **Emoción al ver crecer las inversiones:** Ver crecer el valor de las inversiones puede generar emociones positivas y motivar a seguir invirtiendo.

3. Frustración por la volatilidad del mercado: La volatilidad del mercado puede ser frustrante, pero es una parte natural de las inversiones.

4. Confianza excesiva: Algunas personas pueden sentir confianza excesiva y tomar decisiones arriesgadas, lo cual puede llevar a pérdidas.

5. Satisfacción al alcanzar metas financieras: Al cumplir objetivos financieros a través de las inversiones, se experimenta una satisfacción significativa.

Mitos

1. Invertir es solo para personas ricas: Mucha gente piensa que solo aquellos con mucho dinero pueden invertir, pero hay opciones para diferentes presupuestos.

2. Las inversiones son siempre riesgosas: Aunque hay riesgos, no todas las inversiones son igual de riesgosas. La diversificación puede ayudar a mitigar riesgos.

3. Es necesario ser un experto financiero para invertir: Con la educación adecuada, puedes comenzar a invertir sin ser un experto en finanzas.

4. Solo se puede invertir en acciones: Existen diversas formas de invertir, como bienes raíces, bonos, fondos indexados, entre otros.

5. Ganar dinero rápido es garantizado: Las inversiones suelen requerir tiempo y paciencia. No siempre se obtienen ganancias rápidas.

Yo no sé cuál ha sido tu experiencia, pero cuando yo crecía, se escuchaba muy poco a la gente hablar de inversiones.

Todos estos temas financieros se manejaban en oficinas y con gente bien vestida que ganaba mucho dinero.

Además, lo que se escuchaba sobre la planificación para el retiro era lo que decía gente que trabajaba por unos 20 años o más en una entidad y luego eran pensionados o retirados.

Con el pasar de los años, invertir de forma independiente se ha vuelto más popular y las probabilidades de retirarse de una compañía después de una cantidad sustancial de años de servicio, se han vuelto escasas.

Ahora, es nuestra responsabilidad como individuos planificar nuestro retiro.

Ya la idea de trabajar tantos años en un mismo sitio es cosa del pasado. Ahora trabajamos en un lugar 2 años en promedio y nos mudamos a otro trabajo.

Con el desarrollo de nuevas leyes en los años 80's y para evitar que las compañías fueran responsables del riesgo de los planes de pensión, surgieron nuevas oportunidades y, como consecuencia, ciertas leyes que pasaron la responsabilidad de la planificación del retiro a los empleados. De esta manera, las compañías, bien o mal, ya no tenían que ofrecer a los empleados este beneficio de ingresos fijos después del retiro.

Fue en el 1980's [1] cuando todo esto del reemplazo de las pensiones por los planes de retiro comenzó a cambiar. Desde entonces, los patronos podían ofrecer un nuevo beneficio a los empleados y parece que, durante todo este cambio de leyes, no se esperaba que esto del 401k y el 403b y sus equivalentes fueran tan populares.

Con el pasar del tiempo, esto de los planes de retiro ha continuado evolucionando a lo que vemos hoy.

Podemos aportar en el plan de retiro de nuestro bolsillo cierta cantidad establecida por el IRS y el patrono también puede aportar. Existen las opciones de aportar a planes tradicionales y Roth, y podemos acceder a ese dinero sin penalidad ni reglas adicionales, una vez alcanzamos los 59.5 años de edad.

También hay reglas que te permiten acceder ese dinero antes, pero eso no lo vamos a hacer. **¿POR QUÉ?** **¡Porque para tu retiro no hay préstamos!**

¿Cómo puedes comenzar a invertir?

Esta es una de las preguntas más frecuentes.

La respuesta puede ser tan simple como contribuir al plan de retiro de tu trabajo, pero hay trabajos que no ofrecen planes de retiro y para eso están las cuentas individuales.

De igual manera, invertir tu dinero en la bolsa de valores a largo plazo es algo que puedes hacer, si te educas, tienes la confianza y lo haces de forma independiente.

A continuación, vamos a discutir diferentes cuentas de inversión que pueden estar disponibles para ti.

- Cuentas de inversiones para el retiro

  Plan de retiro del trabajo:

---

[1] https://bit.ly/40EjNLz (Encuentra más links recomendados al final del libro, en la sección REFERENCIAS DE CONSULTAS VIRTUALES)

Comenzar a aportar a un plan de retiro te brinda la oportunidad de invertir con facilidad, incluso con educación financiera. Tu empleador ha seleccionado una institución financiera y una lista de fondos de inversión para que los empleados inviertan su dinero. Además, ha negociado los cargos de administración y posiblemente ofrezca una aportación adicional como parte de los beneficios laborales. Estas cuentas pueden estar disponibles desde tu primer día de empleo o quizás tienes que esperar unos meses para ser elegible. Tu empleador determinará las reglas.

Aportación del empleador:

Junto con la elección de la institución financiera y los fondos de inversión, es crucial comprender la contribución del empleador. Ya tu empleador ha establecido una política de aportación, la cual recibes por lo general solo si estás aportando al plan de retiro del trabajo. Si no, no te dan ese dinero. Si tienes acceso a esta aportación, mírala como dinero "gratis" que tu patrono considera como parte de tu compensación.

Vesting Period:

Asegúrate de conocer el periodo durante el cual debes permanecer empleado para que la contribución del empleador sea completamente tuya. Por ejemplo, si la empresa iguala hasta el 4%, pero requiere 2 años de empleo activo, ten presente estas condiciones antes de tomar decisiones que afecten tu retiro. Si no estás pendiente a esta regla, puedes perder miles de dólares por dejar el trabajo antes de tiempo.

IRA (Individual Retirement Account):

Una IRA te permite invertir de forma individual, sin necesidad de que una empresa patrocine la cuenta. Sin embargo, es esencial estar al tanto de las reglas anuales del IRS, que determinan la cantidad anual que puedes aportar, si eres elegible según tus ingresos, las condiciones o situación en las que puedes acceder a estos fondos antes de cumplir 59.5 años y el impacto en tus contribuciones.

Cuenta de inversiones para dueños de negocios:

Cuando posees un negocio, es natural pensar en invertir en él, pero existen cuentas de inversiones para el retiro, específicas para dueños de negocios. Algunas requieren que te pagues a ti mismo un salario, mientras que otras no. Además, algunas opciones permiten extender los beneficios a tus empleados.

- Otras cuentas para el retiro

Cuenta Roth:

Esta opción permite a los empleados contribuir con ingresos después de impuestos, lo que significa que las distribuciones durante los años de retiro son libres de impuestos. Aunque las contribuciones no reducen los impuestos actuales, en el año en el que haces la aportación a tu cuenta, las ganancias generadas y retiradas en el futuro son exentas de impuestos.

Cuenta tradicional (Pre-tax):

En contraste, las contribuciones a una cuenta tradicional se realizan con ingresos antes de impuestos, lo que puede reducir lo que pagas en impuestos durante el año en el que haces tu aportación a esta cuenta. Sin embargo, las distribuciones durante los años del retiro están sujetas a impuestos, de acuerdo con las tablas de impuestos establecidas en esos años.

Consideraciones personales:

La elección entre una cuenta Roth y una tradicional depende de tus circunstancias individuales. Si anticipas estar en un rango contributivo más alto durante el retiro, la cuenta Roth puede ser más ventajosa. Si anticipas estar en un rango contributivo más bajo durante el retiro, la cuenta tradicional puede ser una mejor opción.

Límites de ingresos:

Es importante tener en cuenta los límites de ingresos establecidos por el IRS que determinan la elegibilidad para contribuir a una cuenta IRA.

Hay otras opciones, al momento de escribir este libro, para que las personas que generan altos ingresos puedan aportar a las cuentas Roth IRA s, utilizando diferentes estrategias, Si este es tu caso, necesitas un contador que esté familiarizado con este tema. Es algo un poco complicado.

Las cuentas tradicionales (pre-tax) están sujetas a RMD (Required Minimum Distribution), lo que significa que, a partir de cierta edad, debes retirar una cantidad mínima cada año.

Las Roth IRAs no tienen RMD durante la vida del dueño de la cuenta.

Las reglas que determinan la edad en la que debes comenzar a distribuir dinero de estas cuentas cambian, así que por eso no voy a poner números específicos, pero sí quiero decirte que debes estar consciente de que esto existe cuando estés planificando tu retiro.

No sacar dinero de estas cuentas, según las reglas establecidas por el IRS, tendrá un impacto económico de penalidades.

➡ Preguntas frecuentes sobre las cuentas Roth:

- ¿A quién les conviene?

    o Ideal para aquellos que esperan estar en una categoría tributaria más alta en el futuro, ya que las distribuciones son libres de impuestos. El mayor beneficio de esta cuenta es que crece libre de impuestos. Solo pagas impuestos en lo que estás aportando en la cuenta y cualquier crecimiento o dividendo no es tributable. Esto significa que durante los años de retiro no vas a pagar contribuciones sobre el dinero que saques de estas cuentas.

- ○ Puede ser muy beneficioso para inversionistas con ingresos bajos y aquellos que anticipan un aumento salarial en el futuro. Esto es una súper opción para los que están comenzando su carrera o si están en un momento de la carrera profesional en el que piensan que tienen el potencial de aumentar sus ingresos en el futuro.

- ● ¿Qué debes considerar antes de abrir estas cuentas?

  - ○ El tiempo por el que vas a dejar tu dinero en esta cuenta. A pesar de que hay reglas que te permiten sacar el dinero, esto es mejor para inversiones a largo plazo. Recuerda que este dinero es para tu retiro.

  - ○ Expectativa de impuestos. Si esperas impuestos más altos en el futuro, la Roth IRA podría ser más ventajosa. Una opinión general, al momento de escribir este libro, es que si estás pagando una tasa tributaria de 24% o menos, estas cuentas pueden ser una muy buena opción. Ahora, si quieres ahorrar impuestos de inmediato, pues entonces no es una opción para ti.

  - ○ Flexibilidad. Las contribuciones pueden retirarse en cualquier momento sin penalización. Por ejemplo, vamos a suponer que este año decidiste poner $7,000 a tu cuenta y en unos meses o unos años necesitas ese dinero de vuelta. Las reglas actuales del IRS te permiten sacar esa aportación original sin ninguna penalidad. Sin embargo, yo te voy a recomendar que nunca hagas esto, ya que mientras más tiempo dejes tu dinero invertido, mejores retornos recibirás y más dinero tendrás disponible para tus años de retiro. Esto debe ser una última opción. Por esto y muchas cosas más, es importante entender que esto es parte de tu plan financiero.

Necesitas ahorros para cualquier imprevisto o emergencia o compra planificada, necesitas tu plan para salir de deudas, con el objetivo de evitar pagos altos intereses; y necesitas invertir tu dinero para el retiro.

- ¿Cuáles son las reglas generales?

  Considera que estas son reglas generales y efectivas al momento de esta publicación.

  Si quieres obtener información actualizada, contacta a tu profesional de impuestos o revisa las guías publicadas por el IRS.

  Las siguientes guías pueden cambiar anualmente:

  - Contribuciones: El IRS establece límites anuales. Estos límites representan el máximo que puedes aportar a tus cuentas IRA en conjunto. Por ejemplo, si quieres aportar 50% del límite anual a una cuenta tradicional y el otro 50% a una cuenta Roth, vamos a utilizar, por ejemplo, el límite del año 2024, que son $7,000 para menores de 50 años. Entonces, puedes aportar $3,500 a una cuenta y $3,500 a otra. No puedes aportar $7,000 a cada una.

  - Distribuciones: Sacar el dinero de estas cuentas pueden ser eventos libres de impuestos, si se cumplen ciertos requisitos. Recuerda que no debes sacar el dinero de estas cuentas. Es para tu retiro, para el cual no hay préstamo, al menos que quieras trabajar por siempre para sustentar tu estilo de vida.

- Edad de retiro: No hay requisitos de retiro mínimo obligatorio o Required Minimum Distributions (RMD), a diferencia de las cuentas tradicionales. Al momento de esta publicación, para las cuentas que no son Roth necesitas comenzar a sacar dinero de ellas a los 73 años de edad. Esto no es así con el tipo de cuenta Roth.

- Ingresos: El IRS impone unas reglas de ingresos límites en las aportaciones a las cuentas Roth. En términos simples, esto significa que si tienes más de ciertos ingresos y esto es ingreso bruto ajustado modificado (Modified Adjusted Gross Income - MAGI), no puedes tomar beneficio de las cuentas Roth.

  Para consultar las reglas más recientes, revisa las publicaciones del IRS. Este límite solo aplica a las cuentas IRA, pero no aplica a los planes de retiro a través del trabajo. Es por esto que si tu empleador ofrece un plan de retiro que provea la opción Roth, esto te puede dar la oportunidad de comenzar a aportar a este tipo de cuentas sin tener ningún problema con tus ingresos.

No pierdas de vista que los asesores financieros están ahí para ti, pero sus servicios tienen un costo de manejo y administración. Así que sigue leyendo para consolidar tu educación.

Con el acceso a la información a través del internet y las redes sociales, el tema de las inversiones es, hoy día, uno de los que escuchamos con frecuencia.

Sin embargo, reconociendo que la mayoría de los productos financieros, las instituciones y sus páginas web están en inglés, se nos hace difícil encontrar información de calidad y precisa en nuestro idioma.

Por eso, tienes este libro en tus manos. Esto no es una coincidencia.

➜ Consideraciones sobre los diferentes tipos de cuenta:

- No importa el tipo de cuenta IRA que quieras abrir. Es importante recordar que el IRS establecerá una fecha límite para someter tus impuestos al año siguiente y aportar a estas cuentas. Usualmente, es el 15 de abril.

- Con una cuenta Roth puedes hacerlo en cualquier momento hasta esa fecha, pero si eliges una cuenta tradicional o pre tax, debes incluir la cantidad que esperas aportar en tus impuestos y hacer esa aportación a tu cuenta antes del 15 de abril o la fecha establecida por el IRS.

  Vamos a suponer que una de tus metas financieras es aportar el límite anual todos los años desde ahora en adelante. Si no ha pasado la fecha establecida por el IRS, aún estás a tiempo para aportar a tus cuentas IRA del año previo. Si ya se te pasó la fecha, tienes tiempo para aportar a tus cuentas del año corriente desde hoy hasta el 15 de abril o la fecha establecida por el IRS del próximo año.

- En el caso de las cuentas Roth, no tienes problema, pero si eliges cuenta tradicional es importante que incluyas la cantidad que piensas aportar antes del 15 de abril en tus impuestos. Si no lo haces, te va a tocar hacer una enmienda y eso te puede resultar con cargos adicionales de la persona que completa tus impuestos.

- ## Cuenta de inversión de corretaje o brokerage:

  A diferencia de otras cuentas, las de corretaje no tienen restricciones de edad. Puedes abrirlas de manera independiente sin necesidad de tener ingresos específicos.

  Sin embargo, ten en cuenta que no ofrecen beneficios contributivos y que las ganancias y pérdidas deben reportarse en tus impuestos.

- ## Cuenta de inversiones para niños:

  Existen diferentes cuentas para menores, algunas diseñadas para fines educativos y otras sin restricciones específicas. Un adulto debe abrir la cuenta, y cuando el menor alcance la mayoría de edad, la cuenta pasa a su nombre.

Constancia y disciplina

Lo más importante que debes entender cuando trabajas con inversiones es que nada está garantizado, pero basado en la historia y la economía, tus inversiones y tu dinero van a aumentar de valor si lo dejas a largo plazo.

Si estás buscando un esquema en el que quieras alcanzar el millón en unos meses o en unos pocos años quizás esto no sea para ti.

Dos de las actitudes más importantes en el manejo de finanzas personales y primordiales en lo que a inversiones se refiere, son la consistencia y la disciplina.

Si alguien te ofrece un producto financiero, que se ve muy bien para ser verdad, piensa en que se está ganando una muy buena comisión y que todas esas promesas son mentiras.

Si aún tienes miedo al tema de las inversiones, es importante que te eduques y que entiendas que el mundo está basado en inversiones. El dinero que tú pones en el banco sigue circulando entre dárselo a clientes nuevos e invertir. No se queda ahí guardado.

Hay otro tipo de inversiones que van evolucionando, pero en este momento no tengo la educación adecuada para escribir una sección en este capítulo.

¿Qué tipos de fondos debes incluir en tus cuentas de inversiones?

El tipo de fondo que debes incluir en tu cuenta de inversiones va a depender 100% de tu estilo como inversionista y la capacidad que tienes de manejar las fluctuaciones del mercado y el riesgo.

Por lo general, la mayoría de los inversionistas que estamos invirtiendo a largo plazo seleccionamos tipos de fondos indexados, Exchanged Traded Funds (ETF) o target date index funds.

La selección de los fondos se vuelve más sencilla si estás aportando solamente al plan de retiro del trabajo, pero si deseas invertir por tu cuenta, tienes acceso a miles de fondos disponibles en la bolsa de valores.

Cuando estés buscando el fondo en el que invertirás, toma en consideración la diversificación, los gastos administrativos, el historial del fondo y el propósito del fondo.

Este es un tema que requiere mucha más educación fuera de lo que se puede cubrir en este libro.

Si estás invirtiendo a través del plan de retiro del trabajo, puedes contactar a la compañía que administra tu fondo para que te ayude a tomar elecciones.

Si estás invirtiendo por tu cuenta o hasta por el plan de retiro del trabajo, hay unas nuevas funciones de robo advisors que, una vez contestan tus preguntas, te recomiendan fondos para invertir.

Algo que debes tener muy pendiente con todos estos servicios son los gastos administrativos.

Para efectos de los fondos, no estamos hablando de asesores financieros. Debes elegir un fondo de inversiones con los gastos de manejo del fondo, o expense ratio, no mayor de 0.2%.

¿Qué es el expense ratio?

Esto es básicamente cuánto vas a pagar anualmente por el manejo de ese fondo en el que estás invirtiendo. Esto cubre cualquier gasto asociado por manejar ese fondo. Pueden ser gastos administrativos, de mercadeo y de manejo por parte de la institución financiera.

Esto es una consideración súper importante cuando estés eligiendo tu fondo porque esto va a ser cargado automáticamente a tu cuenta de inversiones y absorberá una parte de tus ganancias o del valor de tu portafolio. Al momento de esta publicación, había fondos de inversiones que tienen un cargo por manejo de 0%, pero hay otros que son manejados activamente que pueden tener un cargo por manejo de 1% o más.

A continuación, te voy a dar unos ejemplos del impacto que pueden tener estos cargos en tus cuentas.

En este ejemplo, vamos a suponer que una persona puede aportar a sus cuentas de inversiones $500 al mes por 30 años y que el fondo tiene un crecimiento anual de 8.0%.

Expense Ratio ("ER")	Costo de ER	Valor final con ER	Valor final sin ERl
0.00%	0.00	734,075.00	734,075.00
0.03%	4,230.00	729,845.00	734,075.00
0.20%	27,705.00	706,370.00	734,075.00
0.50%	67,149.00	666,926.00	734,075.00
1.00%	127.637.00	606,438.00	734,075.00

Como puedes ver en el cuadro anterior, los cargos administrativos de tu fondo de inversiones sí importan. De la misma manera, los cargos de tu asesor financiero también son importantes.

¿Cuánto dinero debes tener en tus cuentas del retiro según tu edad?

Fidelity Investment publicó unas métricas que nos ilustran sobre cuánto debemos tener en nuestras cuentas de inversiones para el retiro, según nuestra edad y nuestro salario[2].

- 30's 1 vez tu salario

- 40's 3 veces tu salario

- 50's 6 veces tu salario

- 67's 10 veces tu salario

Esta es buena información solamente para que vayas comparando, pero yo prefiero que hagas el cálculo de tu número de independencia financiera mejor.

¿Por qué? El número de independencia financiera te permite ponerle dólares y centavos, precio, a tu retiro.

También esta métrica es muy rígida y está basada en un retiro tradicional.

El salario que tienes a tus 30's no es el mismo que vas a tener en tus 40's o 50's. Entonces, imagínate que en los 30's generabas $50,000 al año. Según esta métrica debes tener $50,000 en tus cuentas de inversiones, pero a los 40 's, generalmente, tienes $125,000. Según esta métrica debes tener $375,000, un salto bien grande. Por esto hoy, determina el estilo de vida que quieres vivir durante los años del retiro y ponle valor a cada una de las partidas.

Te compartiré más sobre esto en la próxima sección.

Calcula tu número de independencia financiera

¿Qué es la independencia financiera?

La independencia financiera es el punto en el que un individuo o la gente de una casa han acumulado suficientes recursos económicos para cubrir sus gastos de vida. Estos recursos son suficientes para

---

[2] https://bit.ly/48FTk2a (Encuentra más links recomendados al final del libro, en la sección REFERENCIAS DE CONSULTAS VIRTUALES)

sustentar su vida, sin depender del trabajo activo para ganar dinero, con el propósito de pagar sus gastos necesarios para vivir.

Si no has escuchado sobre el movimiento FIRE (Financial Independence Retire Early), te comento que es un grupo de personas, como yo, que estamos buscando acelerar nuestro camino al retiro.

El retiro ya no es una edad y tampoco es cuando comencemos a recibir los beneficios del seguro social. Ahora el retiro es independencia financiera, el dinero que tienes en tus cuentas de inversión y otras maneras de generar ingresos, los cuales no dependen de un trabajo activo.

En el espectro del movimiento FIRE, hay cuatro categorías principales y de estas han salido otras más:

- Lean FIRE - Este es más apropiado para las personas que son minimalistas, que les gusta ahorrar un montón y necesitan menos dinero para lograr la independencia financiera. Se estima que es para las personas que solo necesitan hasta $25,000 al año para sustentar su estilo de vida.

- Barista FIRE - En esta categoría las personas quieren estar entre retirados, pero también trabajando a tiempo parcial. Ya han decidido dejar su trabajo tradicional y tener un trabajo a tiempo parcial para utilizar menos de las inversiones o los ahorros. Quizás pueden obtener cobertura médica con ese empleo de medio tiempo y sustentar sus gastos básicos sin tener que utilizar el dinero que tienen en sus cuentas de inversiones.

- Coast FIRE - En esta categoría el individuo tiene suficiente dinero en sus cuentas de retiro. Si desde hoy en adelante no hace ninguna aportación adicional, el dinero con el crecimiento normal de la bolsa de valores, los dividendos y el interés compuesto va a llegar a cubrir o alcanzar la cantidad necesaria en las cuentas de inversiones hasta su edad de retiro tradicional.

- Fat FIRE - En esta categoría los individuos buscan tener una cantidad sustancial en sus inversiones para el retiro, más que el promedio de las personas en general y no quieren reducir su estilo de vida durante el retiro. Esto es usualmente la gente que tiene salarios altos y puede invertir y ahorrar agresivamente durante sus años de trabajo para tener un retiro que se ajuste a un estilo de vida, el cual cuesta sustancialmente más que el de una persona promedio.

¿Cómo calcular tu número de independencia financiera?

Cuando llegamos al retiro, no importa cuál sea la edad en la que planifiques hacerlo, nos proponemos vivir de ingresos fijos, los cuales pueden venir de diferentes fuentes. Pero, en el caso de lo que estamos hablando en esta sección, el dinero viene directamente de tus inversiones.

Aquí es cuando el número de independencia financiera se vuelve en algo súper importante. Antes de continuar, no subestimes el poder de este número, ya que te da claridad o al menos una guía sobre el rumbo hacia lo que estás trabajando: **¿Cuánto dinero necesito en mis cuentas de inversiones para poder tener el retiro que deseo?**

Este es calculado sobre la base de tus estimados, o tus mejores estimados, de los gastos que vas a tener durante tu retiro. Multiplica esos gastos anualizados por 25 y ese resultado es tu número de independencia financiera.

El factor de 25 está sustentado por el Trinity Study [3]. Este estudio sugiere que, si tú sacas 4% del valor de tu portafolio a todos los años, el dinero que queda en tus inversiones te debe durar al menos 30 años o hasta más, dependiendo de las fluctuaciones del mercado.

Como inversionistas, tenemos que estar muy pendiente de los patrones de la bolsa de valores porque hay otro grupo de personas que dice que esto no es 100% cierto.

---

[3] https://bit.ly/48AXfgs (Encuentra más links recomendados al final del libro, en la sección REFERENCIAS DE CONSULTAS VIRTUALES)

Por ejemplo, en los años en los que la bolsa de valores está en negativo, sacar 4% puede tener un efecto multiplicador negativo en tus inversiones.

Es por eso que, como parte de tu plan financiero, debes mantener ahorros en una cuenta de alto rendimiento o en certificado de depósito para que cuando la bolsa de valores baje, tú no tengas que hacer distribuciones de tus cuentas de inversiones.

Ahora es tu turno de calcular tu número de independencia financiera.

Te voy a dar un ejemplo que puedes usar como una guía. No te enfoques tanto en los números, sino en las partidas que estoy presentando. Debes ajustar todo esto a tu situación financiera, añadir o quitar cualquier línea de ser necesario.

Presupuesto para el retiro	
Descripción	Cantidad mensual
Renta/Hipoteca	0.00
Impuestos de vivienda	250.00
Mantenimiento de vienda	500.00
Utilidades	500.00
Teléfono	150.00
Internet	100.00
Auto	500.00
Gasolina	500.00
Impuestos de auto	50.00
Seguro de auto	150.00
Mantenimiento de auto	200.00
Seguro médico	1,500.00
Supermercado	500.00
Entretenimiento	100.00
Otros gastos	1,350.00

Ingresos	(2,000.00)
Total de Gastos mensuales	**4,600.00**

Calculadora de Independencia Financiera ("IF")	
Gastos mensuales	4,600.00
Gastos anualizados	55,200.00
Factor fijo	25
Tu número IF	**1,380,000.00**

A este número le puedes hacer ajustes, si te parece muy alto. Puedes reducir una cantidad o porcentaje. Si te parece muy bajo, puedes aumentarle un porcentaje o simplemente ajustar el presupuesto detallado que preparaste.

Esta calculadora se convierte en tu número de independencia financiera y lo que debes tener en tu cuenta de inversiones cuando estés ready para retirarte.

A este número le vas a aplicar el 4% y esto te va a dar la cantidad que vas a sacar anualmente de tus inversiones, que es lo mismo que el "Total de Gastos mensuales".

La frecuencia con la que vas a sacar dinero dependerá de tus estrategias. Puedes sacar dinero mensualmente, trimestralmente, anualmente, etc.

Todo esto es matemáticas.

Vamos a suponer que tienes dos opciones:

Opción 1 - Rendimiento anual de 8%. Vas sacando tu dinero poco a poco a un nivel de 4% al año. El resto del dinero se queda invertido y creciendo a un 8%.

Opción 2 - Rendimiento anual de 2%. Vas sacando el dinero a un nivel de 4% al año y el resto del dinero se queda ahí obteniendo un crecimiento anual de 2%.

¿Cuáles de las opciones piensas que va a agotar el dinero más rápido?

Algunas personas me dicen que este número es muy grande y quizás tú eres parte de esas personas.

Ahora, es mejor llegar con algo al retiro que con nada.

Así que no dejes que este número te intimide. Recuerda que la mayoría de nosotros trabajamos por 25+ años, aportar a tus cuentas consistentemente tendrá el efecto compuesto que necesitas para llegar a tu meta.

Durante una de mis sesiones individuales estaba hablando con una persona que está en sus 50 y, según nuestros estimados, iba a llegar a la edad de retiro tradicional con aproximadamente $250,000 en sus cuentas de inversiones, lo que a ella le parece muy poco. Desde mi perspectiva llegar al retiro con $250,000 es muchísimo mejor que llegar con $0.00.

Esta cantidad de dinero te da la posibilidad o la opción de postergar la edad en la que vas a comenzar a recibir tu seguro social.

Por si no sabías, si recibes tu cheque de seguro social a los 62, tienes el potencial de recibir 30% menos que si lo recibes a la edad tradicional que ha determinado el sistema de seguro social de los 67 años; y si decides recibir tus beneficios del seguro social a los 70 puedes recibir hasta 25% más de tus beneficios.

Importante: Considera que todos estos datos estuvieron vigentes al momento de escribir este libro y pueden cambiar según las condiciones económicas del país y del sistema del seguro social.

Ahora, sobre la base de esta información, analiza cómo puede cambiar tu plan financiero, en vez de decir que no tienes dinero suficiente para el retiro.

Tú te puedes retirar unos años antes y postergar la posibilidad de recibir el cheque del seguro social, o puedes hacer una combinación: recibir el cheque del seguro social temprano y utilizar parte de tus ahorros e inversiones destinadas para el retiro para tener el estilo de vida que tú quieras durante tus años dorados.

Por eso es que es súper importante que te sientes un rato y calcules tu número de independencia financiera. Esto no es un cálculo que vas a hacer solo una vez. Este cálculo debe ser revisado según vaya cambiando tu estilo de vida y también debes aplicarle inflación, impuestos, y ponerle un buen colchón a esa línea de otros gastos.

Tras leer las páginas de este libro hasta este punto, está más despejado el camino que nos condujo hasta el número de independencia financiera y cómo podemos ir planificando poco a poco el retiro.

El ciclo de un inversionista [4]

Si no tienes idea acerca de dónde tienes que estar en tu ciclo como inversionista, en esta sección te voy a dar unas ideas.

Antes de seguir, considera que nunca es muy temprano o tarde para comenzar. **Siempre y cuando estés generando ingresos, estás a tiempo para comenzar.**

La mayoría de nosotros comenzó a trabajar alrededor de los 18 años, en un trabajo a tiempo parcial, en el que tomamos experiencia profesional, nos educamos y decidimos que diantres queríamos hacer con nuestras vidas.

En ese tiempo comenzó nuestro ciclo financiero, o hasta mucho antes, nos lo propusiéramos o no.

Dicen que nuestros hábitos financieros están determinados desde los 7 años, a partir de lo que vemos y experimentamos en la casa.

Si planificas tener un retiro a la edad tradicional de aproximadamente 65 años, en esta sección te doy detalles de lo que

---

[4] https://bit.ly/3UCYbuY (Encuentra más links recomendados al final del libro, en la sección REFERENCIAS DE CONSULTAS VIRTUALES)

posiblemente debes estar considerando en tus finanzas personales dependiendo de tu edad.

Esto es una guía a muy alto nivel y no considera tu situación personal. Todos somos diferentes.

- Acumulación

  - 18-29: Durante este periodo estamos definiéndonos como personas independientes. Este es el mejor momento para establecer hábitos financieros saludables, comenzar a crear un buen crédito, comenzar a invertir y ser cuidadosos con nuestras finanzas.

    Basada en mi experiencia, este puede ser el momento en el que generas la menor cantidad de ingresos en tu vida financiera y el momento perfecto para abrir y aportar todo lo que puedas a esas cuentas Roth, si las tienes disponibles.

    El dinero que aportas a estas cuentas crece libre de impuestos. Así que, como es el momento de menos ingresos generados, pagas menos impuestos, y como resultado aportas en las cuentas Roth porque no tienes que ahorrar impuestos. Es una tremenda opción.

    Este es también el momento cuando probablemente tomamos nuestras peores decisiones financieras: deudas innecesarias, shoppings excesivos, quizás ya elegimos una pareja, comenzamos a planificar la familia, nos independizamos de la casa de nuestros padres, etc.

    - ¿Cómo está tu crédito?

    - ¿Cómo puedes aumentar tus ingresos?

    - ¿Cómo puedes mantenerte fuera del "lifestyle inflation" e invertir más?

- ¿Ya estás participando del plan de retiro del trabajo o abriste tu cuenta independiente?

- ¿Las deudas te impiden invertir más?

○ 30-39: Este es un período de ajuste y transición.

Si decidiste tener familia, quizás este es el punto en el que no sabes adónde se te va el dinero y cómo vas a llegar a fin de mes. Mantener un hogar y una familia es costoso. En adición a las notas que puse en la sección anterior, te doy unas cuantas sugerencias más.

- Revisa tu aportación al plan de retiro del trabajo. Al menos aporta hasta el "match" del patrono. Si puedes más, aporta todo lo que puedas.

- Revisa el balance de tus deudas ¿Qué plan tienes para salir de deudas? ¿Cómo está tu crédito?

- Reorganiza tus gastos ¿Hay alguna área en la que estés gastando mucho dinero?

- ¿Tienes los ahorros suficientes para enfrentar una emergencia económica?

- ¿Ya tienes tu póliza de seguro a término?

○ 40-55: Durante este período puedes estar en el pico de tu carrera laboral.

Ya vas aumentando tu salario y estás muchísimo más consciente de tus hábitos financieros. Es también durante este periodo en el que muchos de nosotros nos damos cuenta de todos los errores financieros que hemos cometido durante nuestra vida y decidimos tomar acción real. Aquí debes hacer una evaluación real de tus finanzas personales, determinar cuánto dinero necesitas en tus inversiones y cómo vas a lograr ese número ajustando tu aportación a tus cuentas de inversiones.

- ¿Estás aportando hasta el máximo a tu plan de retiro?

- ¿Cuándo vas a saldar la casa?

- ¿Cuándo vas a salir de deudas?

- ¿Las deudas te impiden invertir más?

- ¿Quién depende de ti?

- Calcula tu número de independencia financiera

○ 55-65: Ya acumulaste dinero, y si sigues trabajando sigues acumulando.

Este es el punto en el que tienes que comenzar a planificar tu retiro y tomar esas decisiones importantes en preparación a tu retiro.

- ¿Cuánto dinero tienes acumulado?

- ¿Cuándo te puedes retirar?

- ¿Cuál va a ser tu estilo de vida durante el retiro?

- ¿Cuál va a ser tu estrategia de ingresos durante el retiro?

- ¿De dónde vas a recibir ingresos?: ¿Pensión, seguro social, negocios, inversiones?

- Recomendación general: Cambia de trabajo de tiempo completo a parcial para que te vayas ajustando al ritmo de vida que te espera durante el retiro.

● Distribución: Ya llegaste al retiro y... ¿ahora qué?

Llegó la fecha más esperada. Ya te retiras y ahora te toca vivir de lo que has construido. Pero que hayas llegado al retiro no significa que dejas de trabajar en tu plan financiero. De ahora en adelante, estarás monitoreando tus ingresos, inversiones, gastos, y haciendo ajustes cuando sea necesario. Algo que debes considerar, dependiendo de tus fuentes de ingresos, son las reglas de RMD que escribí anteriormente.

Planificación para el retiro

Los conceptos discutidos en la sección anterior de "el ciclo de un inversionista" son conceptos generales que te van a ayudar en tu planificación financiera.

Ahora, quiero que pienses en tu planificación general para el retiro porque el retiro no es una edad… es un número. Esa cantidad que significa la independencia financiera para ti va a determinar cuándo te puedes retirar.

A lo mejor eres una persona que ama su trabajo y llegar a la independencia financiera significa trabajar menos horas. Puede ser que también tengas otras áreas en las que quieras trabajar, pero no pagan tanto como tu profesión. Entonces, una vez llegues a tu número de independencia financiera, puedes trabajar en esos proyectos que has dejado atrás porque no te proveen los ingresos que necesitas.

Cuando el trabajo se vuelve opcional porque ya tienes suficientes fuentes de ingresos para sustentar tu estilo de vida, ahí llegaste a la independencia financiera.

1. Evalúa dónde estás: Tu edad actual y la edad en la que esperas retirarte va a determinar tus próximos pasos. Una persona que está comenzando su carrera laboral y tiene 30 años hasta su fecha de retiro a una edad tradicional, puede poner todas sus inversiones en fondos de inversiones más riesgosos que otros instrumentos financieros más conservadores y apropiados para los que ya se acercan al retiro. Claro está, no necesariamente porque estés a 5-10 años del retiro significa que vas a mover todos tus fondos en un modo conservador. Esto va a depender del tipo de inversionista que eres y cómo manejas riesgo y volatilidad.

2. Determina cuánto dinero vas a necesitar para mantener tu estilo de vida durante el retiro. Este es el momento de crear expectativas realistas. Mientras más dinero pienses que vas a necesitar durante los años del retiro, más dinero deberás invertir en tus cuentas. Considera que **no porque estés en el retiro, significa que vas a gastar menos.** Quizás llegaste al retiro sin deuda de hipoteca, pero ahora gastarás ese dinero en viajes y hobbies. También considera inflación, impuestos y por cuantos años más es probable que vivas después del retiro.

3. Planifica cuánto será el rendimiento de tu portafolio de inversiones, sobre la base de los instrumentos que estás utilizando. ¿Cuánto dinero vas a tener en acciones, fondos indexados, bonos, certificados de depósito, efectivo, etc.?

15

Seguro

Hay diferentes tipos de seguros de vida. Es primordial que tú asegures tu vida.

Con la explosión informativa en redes sociales, vemos muchísimos vendedores ofreciendo productos financieros que combinan el seguro de vida con las inversiones.

Cuando tú estás buscando un seguro, estás buscando una compañía de calidad establecida y que te ofrezca un producto financiero para asegurar tu vida y que, en caso de que tú faltes, tus beneficiarios tengan dinero para sustentar su estilo de vida.

¿Qué tipo de póliza de seguros encuentras por ahí?

Seguro a término

Los **seguros de vida a término** te proveen una cobertura por un periodo determinado. Tu contrato de seguro es específico. Este contrato muestra la prima que vas a pagar todos los meses.

La prima significa el pago mensual, y el término se refiere a la vida de ese contrato.

Este tipo de póliza es específica en cuanto al tiempo en el que estarás asegurado. Si quieres continuar con el seguro después de cierta edad o después de ciertos años, puedes extender el término por un costo adicional, el cual es bien elevado.

Características clave:

- Cobertura por un período específico: El seguro de vida a término proporciona cobertura por un período específico, conocido como el plazo del seguro (Por ejemplo: 10, 20 o 30 años). Después de ese plazo, la póliza expira o tienes la opción de renovarla a una prima mensual mucho mayor de la original.

- Primas generalmente más bajas: Las primas del seguro de vida a término tienden a ser más bajas, en comparación con las del whole life insurance, especialmente durante el plazo original. Estas te proveen la oportunidad de asegurar tu vida durante un término predeterminado a una prima baja. Lo ideal es que durante este periodo predeterminado tomes control de tus finanzas personales, aumentes tu patrimonio y eventualmente no necesites una póliza de seguro porque ya tienes suficientes activos para darle sustento a tu familia en caso de fallecimiento.

- No acumula valor en efectivo: A diferencia del whole life insurance, el seguro de vida a término no acumula valor en efectivo. Si el asegurado sobrevive al plazo de la póliza, no hay retorno de las primas pagadas.

- Primas niveladas o renovables: Las pólizas de seguro de vida a término pueden tener primas niveladas (que permanecen constantes durante todo el plazo) o renovables (que pueden aumentar periódicamente, por ejemplo, cada año al renovar la póliza).

A quién le conviene:

El seguro de vida a término puede ser adecuado para aquellos que buscan una cobertura asequible durante un período específico y no necesitan un componente de inversión o ahorro integrado en la póliza.

Beneficios:

- Cobertura asequible: Las primas suelen ser más bajas, en comparación con el whole life insurance.

- Flexibilidad: Puede adaptarse a necesidades temporales, como el tiempo que tardarás en alcanzar la estabilidad e independencia financiera o la crianza de los hijos.

- Simple: Es más sencillo y directo, en comparación con el whole life insurance.

Desventajas:

- Expiración de la póliza: Si el asegurado sobrevive al plazo de la póliza, no hay beneficio por fallecimiento.

- No acumula valor en efectivo: No hay componente de ahorro o inversión.

- Aumento del valor de la prima: En pólizas renovables, las primas pueden aumentar con el tiempo.

- En caso de una póliza a término, siempre recomiendo seleccionar la póliza que se ajuste por inflación o por aumento de costo de vida automáticamente. De esta manera, el valor de la cobertura de tu póliza aumentará sin tener que pasar por nuevas pruebas de salud.

- Esta póliza resulta ser la más económica, la más clara y fácil de entender. Paga tus primas a tiempo, por el periodo predeterminado y listo.

Whole Life Insurance

Whole life insurance es un tipo de seguro de vida que proporciona cobertura durante toda la vida del individuo asegurado.

A diferencia del seguro de vida a término, que cubre un período específico (como 10, 20 o 30 años), el whole life insurance está diseñado para durar toda la vida del dueño de la póliza, siempre y cuando se sigan pagando las primas.

Esta última frase es súper importante: "Siempre y cuando se sigan pagando las primas".

Características clave:

- Cobertura de por vida: Como se mencionó, el whole life insurance proporciona cobertura durante toda la vida del asegurado, siempre y cuando se paguen las primas. Esto, durante el proceso de venta, puede ser muy llamativo, ya que sigues asegurado por siempre vs. el seguro a término que te aseguras por un tiempo limitado. Ahora, piénsalo bien.

  ¿Vas a pagar una póliza de seguro por siempre?

  ¿Qué tal si te aseguras por un término específico en tu vida… ese periodo en el cual vas aumentando tu patrimonio, haciendo crecer tus inversiones, reduciendo tus deudas, desarrollando tu familia y ahorrando… y llega el punto en el que no necesitas un seguro de vida porque basado en tus finanzas ya estás auto-asegurado?

- Acumulación de valor en efectivo: Una característica distintiva del whole life insurance es la acumulación de valor en efectivo. Una parte de los pagos de primas se destina a una cuenta de valor en efectivo, que crece con el tiempo. Este valor en efectivo se puede pedir prestado o retirar, generalmente con ciertas restricciones y condiciones.

- Primas niveladas: Las primas del whole life insurance suelen ser más altas que las del seguro de vida a término, pero se mantienen niveladas a lo largo de la vida de la póliza. Esto significa que la cantidad de la prima no aumenta a medida que el asegurado envejece.

- Beneficio por fallecimiento: En caso de fallecimiento del titular de la póliza, los beneficiarios reciben un beneficio por fallecimiento.

A quién le conviene:

El whole life insurance puede ser adecuado para aquellos que buscan una cobertura de por vida, desean un componente de ahorro o inversión más conservadora y están dispuestos a pagar primas más altas en comparación con el seguro de vida a término por el resto de su vida.

Beneficios:

- Cobertura de por vida.

- Valor en efectivo que puede ser utilizado en vida.

- Primas niveladas que no aumentan con la edad.

- Beneficio por fallecimiento.

Desventajas:

- Primas más altas, en comparación con el seguro de vida a término.

- Rendimiento de inversión potencialmente menor que otras opciones de inversión.

- Flexibilidad limitada en el ajuste de las primas y beneficios.

Hay otros productos de seguros que debes discutir con tu agente de seguros. Ese no es mi tema de especialización, pero trato de darte mi recomendación general. Puede ser que desde el momento que estás leyendo este libro, y desde que lo haya escrito, hayan salido otros productos financieros, pero mi recomendación siempre es la misma:

No mezcles tu seguro de vida con tus inversiones.

Asegura tu vida por la cantidad que sea necesaria para proveer ingresos a tus beneficiarios en caso de tu fallecimiento.

Establece el término por el cual quieres o debes tener tu vida asegurada.

Si no sabes cuál es el término adecuado para la póliza a término, puedes pensar cuánto te vas a tardar en alcanzar tu estabilidad financiera y la independencia financiera… porque si estás aquí es porque esa es tu meta.

Y si te topaste con un vendedor de seguros que te ofrece otro producto financiero, busca una cotización de la póliza de seguro de vida término y compárala con el producto financiero que te están ofreciendo. Es muy probable que tengas un mayor beneficio a largo plazo, si inviertes por tu cuenta la diferencia entre la póliza a término y lo que te ofrecen. Todo esto requiere planificación y educación financiera.

El beneficio de tomar la póliza a término e invertir por tu cuenta es que tú tienes el control de tus inversiones, es decir, tus inversiones no están atadas a una compañía de seguros.

¿Qué crees que la compañía de seguros va a hacer con tu dinero?

Invierte por tu cuenta, basado en tu educación financiera, tus valores y tus metas. Así tienes acceso a tu dinero directamente sin intermediarios ni gastos adicionales.

16

Planificación de patrimonio

¿Has pensado en qué pasará con tus seres queridos cuando tú fallezcas? ¿Cuánto estrés tendrían, en medio del dolor que produce el luto de tu partida, si les dejas todo desorganizado o si no haces una planificación patrimonial desde ahora? ¿Te imaginas a tus hijos buscando desesperados, con los ojos llenos de lágrimas, los documentos que necesitan para tomar decisiones sobre tu cuerpo, o asuntos funerarios, tus cuentas, tus mascotas, tus bienes?

No importa la edad que tengas, la planificación de tu patrimonio y la entrega de documentos e instrucciones a seres cercanos sobre las decisiones que deben tomar, en caso de que fallezcas, es el acto de amor más grande que puedes hacer por ellos.

Te voy a contar una pequeña historia personal.

Ya he experimentado el dolor de la partida de dos miembros importantes en mi familia: mi hermano y mi papá.

Cuando mi hermano falleció, mi mamá y mi hermana se encargaron de casi todo. Y fue muy difícil ver a mi mamá buscando diferentes cosas, diferentes documentos, en este momento de profunda tristeza y de mucha carga emocional.

Cuando falleció mi papá, yo tuve una participación mucho más directa en todo el proceso.

No te imaginas todas las cosas que te piden en este momento tan difícil.

Mi papá falleció en una fecha próxima al 4 de julio. Por lo tanto, teníamos que tomar decisiones súper rápidas para asegurarnos que lo pudieran enterrar en el cementerio de veteranos, antes del fin de semana feriado.

Cosas que puedes encontrar tontas o sencillas, para mí tuvieron una carga emocional bien grande.

Además de todos los documentos que se deben tramitar, yo tuve que pensar en qué ropa se le iba a poner, qué flores se iban a poner, qué tipo de caja se utilizaría para el cuerpo, cuántos días duraría el velorio… Y, después de todo esto, más allá de la disposición del cuerpo, tuvimos que trabajar con un montón de cosas legales para disponer de los activos.

Necesitábamos documentos al día, lo cual no es una tarea fácil.

En esta sección, te dejaré un amplio listado de lo que debes ir organizando, tramitando, archivado y compartiendo con tus seres queridos.

Y quiero dedicar un amplio espacio a este tema porque siento que estas líneas tienen un significado tremendo, cuando de estabilidad familiar, financiera y emocional de los familiares se refiere.

Quisiera evitar que muchos otros hijos sientan el desasosiego que experimenté yo, tras la muerte de mi papá. Yo llevaba fuera de casa de mis padres más de 15 años. No sabía dónde estaban los documentos importantes, ni cómo ayudar a mi mamá.

Este es un tema para mí súper importante. No solo desde el punto de vista sentimental sino también legal.

Tómate un tiempo para hacer tus arreglos y no le dejes esta carga a tu familia.

Es crucial destacar que, para abordar este tema de manera efectiva, se recomienda trabajar con un abogado local especializado en derecho de sucesión.

Hay abogados que ofrecen consultas gratis para confirmar o validar los tipos de documentos y preparación legal que realmente necesitas.

Es muy común leer o ver gente que recomienda hacer esto en línea, pero yo personalmente no te lo recomiendo. Algún documento que no esté bien redactado o preparado para la ciudad, estado o país donde vivas, puede ser el factor decisivo entre si tus activos van por el sistema judicial o se le entregan directamente a tu familia, según las directrices que hiciste.

Un abogado con experiencia y conocimiento sobre leyes locales es fundamental para garantizar que tu plan patrimonial se ajuste a tus necesidades y cumpla con las regulaciones vigentes.

Planificación patrimonial:

La planificación patrimonial va más allá de la distribución de bienes.

Es un proceso estratégico que busca proteger tus activos, asegurar el bienestar de tus seres queridos y, en última instancia, plasmar tus deseos en un marco legal sólido. Al trabajar con un abogado, puedes personalizar tu plan, adaptándolo a tu situación única y garantizar que tus objetivos sean cumplidos de manera efectiva.

Si durante este proceso piensas que pagarle a un abogado para organizar tus documentos representa mucho dinero, piensa en el alivio económico, psicológico y emocional de la familia que dejas atrás, en caso de fallecimiento o incapacidad. También considera que algunos patronos tienen beneficios de ley y, a través de ellos, puedes crear estos documentos gratis o por un monto mucho menor al que invertirías si vas directamente con tu abogado.

Así lo hicimos en casa. Mi esposo trabajaba en una compañía en la que le deducían menos de $10 al mes de su cheque para servicios legales. Hicimos nuestra búsqueda y encontramos que tenían este servicio de planificación patrimonial. Así que contactamos al abogado que más cerca nos quedaba de casa, nos orientamos y en menos de un mes ya teníamos todo listo y no tuvimos que pagar nada adicional de nuestro bolsillo. Bueno… creo que pagamos por unos sellos, pero algo mínimo. Si tú trabajas en Recursos Humanos, tienes un súper beneficio para tus empleados. Recomiéndalo al Departamento de Finanzas o a los ejecutivos.

Documentos esenciales:

- Testamento o Testamento vital: Especifica cómo deseas que se distribuyan tus bienes y designar un albacea. Un testamento vital aborda tus preferencias médicas en situaciones críticas.

- Fideicomiso (Trust): Facilita la transferencia de activos y evita el proceso de sucesión, proporcionando flexibilidad y privacidad.

- Poder notarial duradero: Designar a alguien para tomar decisiones financieras y legales en tu nombre en caso de incapacidad.

- Directiva de atención médica (Living Will): Establece tus deseos con respecto a tratamientos médicos y decisiones al final de la vida.

- Poder para cuidado de menores: Designa un tutor legal para tus hijos menores, en caso de que ambos padres fallezcan.

- Designación de beneficiarios: Especifica quién heredará tus activos que no pasan a través de un testamento, como cuentas de jubilación y pólizas de seguro de vida.

- Carta de instrucciones: Proporciona información adicional y detallada sobre tus deseos y preferencias que no están cubiertos en otros documentos legales.

Además de trabajar estos documentos con un abogado, también puedes tener en casa una carpeta digital y/o física con documentos e información importante.

¿Qué debe incluir esa carpeta?

Antes de darte un listado de todas las cosas que debes incluir, considera que esto lo puedes hacer en un formato digital para que lo compartas con las personas que tú piensas que pueden ser responsables, en caso de que tú fallezcas o tengas alguna incapacidad. Si lo vas a tener en casa, asegúrate que esté en un espacio seguro, preferiblemente en una caja fuerte.

Considera también que estos documentos van a ser utilizados en una situación de estrés y, aunque pienses que alguna información puede ser repetitiva, es importante que dejes toda la información y documentos lo más claros posible.

Este es un listado de recomendaciones.

Puede ser que necesites todas las cosas que están aquí escritas o puede ser que necesites menos o que necesites alguna otras más. Consúltalo con tu abogado.

- Información personal y de familia: Nombre, algún otro nombre que hayas utilizado en el pasado, dirección, teléfono, número de seguro social, dónde está ubicada tu tarjeta de seguro social, pasaportes, estatus marital, nombre de la pareja y nombre de hijos, nietos y de cualquier otro familiar que sea relevante. Si has estado casado o casada antes, incluye el nombre completo de tus exparejas, el nombre de los hermanos, nombre del padre, la fecha de nacimiento, nombre de la madre y su fecha de nacimiento y ocupación. También incluye, si eres ciudadano de Estados Unidos, si has servido en la Milicia y cualquier otro documento acerca de tu información personal que consideres importante.

- Cuidado médico: Si tienes listos los documentos legales médicos, incluye dónde están ubicados, el nombre de tu abogado y cualquier instrucción y autorización que hayas firmado sobre tu cuerpo y cuidado médico: Procedimientos de resucitación, la persona que va a tomar las decisiones finales sobre ti, donación de órganos, entre otras cosas. También incluye tu tipo de sangre, cualquier condición médica preexistente que tengas, medicinas que estés tomando, alergias y reacciones, y la información de tu plan médico. Es probable que tu médico primario tenga esta información más actualizada, pero también es esencial que la vayas actualizando con más frecuencia que cualquier otra información dentro de este paquete de documentos. Incluye la información de tu médico privado, hospital de preferencia, farmacia de preferencia y cualquier otra información de médicos que sea necesaria.

- Información de contacto importante: El nombre de la persona designada a ejecutar tu testamento, información de contacto de tu abogado, contador, asesor financiero, agente de seguros, asesor religioso, funeraria de preferencia. Si ya has hecho planes fúnebres, incluye la información en esta sección. También agrega la información de tus beneficiarios en tu testamento, nombre de las personas a las que deseas asignar un poder legal dentro de tus documentos y cualquier información que sea pertinente en esta sección.

- Listado de personas (en caso de fallecimiento): Indica el nombre, dirección, número de teléfono y correo electrónico de las personas que deben ser contactadas.

- Información de hijos y otros dependientes: Incluye nombres, relación, dirección, teléfono, correo electrónico, fecha y lugar de nacimiento, si es ciudadano americano, deseos para el cuidado de este dependiente. Se debe incluir también cualquier información médica relevante como alergias, médicos primarios, seguro médico, información financiera y dónde se puede encontrar cualquier documento importante.

- Documentos importantes: Utiliza esta sección para dejarle saber a las personas encargadas donde pueden encontrar tus documentos importantes, como tu testamento, la información de tu licencia de conducir, dónde está tu pasaporte y la información del pasaporte, donde está tu certificado de nacimiento, certificado de matrimonio y cualquier documento relacionado a identificación, matrimonio o divorcios.

- Información bancaria: En esta sección incluye cualquier información bancaria relevante, como cuentas corrientes o de cheque, cuentas de ahorro y cualquier otra cuenta como certificado de depósitos, entre otras.

- Información de tarjetas de crédito: Especifica el número de la cuenta, el website, información de contacto y cualquier información necesaria para que las personas encargadas puedan acceder a estas cuentas.

- Información de inversiones: Tipo de cuenta, número de cuenta, información contacto y dónde se puede encontrar cualquier documento relevante para tener acceso a estas inversiones.

- Información de deudas: Enumera los acreedores o a quién le debes dinero relacionado a hipotecas, préstamos de autos, préstamos estudiantiles, préstamos personales, etc.

- Información de negocio (si tienes alguno): Nombre del negocio, registro, nombre de empleados, abogados, agente de seguro, contacto en el banco y dónde se puede encontrar documentos importantes.

- Información sobre seguros de vida: Tipo de póliza, número de cuenta, información contacto, la cantidad de la póliza, los beneficiarios, dónde están los documentos importantes y cualquier otra información que pueda ser de ayuda.

- Posesiones personales relevantes: Haz un listado de posesiones personales que tú quieres que sean entregadas a otras personas o manejadas de alguna manera especial. Puedes incluir joyería, armas de fuego, almacén o storage unit, caja fuerte, etc.

- Información de bienes raíces: Dirección y dónde están los documentos importantes y llaves para obtener acceso.

- Información sobre cualquier propiedad rentada: Incluye fecha de expiración de esa renta o del contrato de renta, donde están las llaves, la información del propietario.

- Información sobre vehículos: Agrega en esta sección el año, marca, modelo, color, VIN de tus vehículos, dónde están los títulos, las llaves, en qué estado están registrados y cualquier información relevante adicional.

- Información sobre seguros adicionales (como seguro sobre la propiedad, seguro de renta, seguro médico, seguro dental, seguro de visión y cualquier otro seguro): Esta información debe incluir nombre de la aseguradora, dirección, teléfono, correo electrónico, número de cuenta y cualquier otra información relevante.

- Mascotas: El nombre, descripción, cualquier identificación, información médica, información de contacto del veterinario y los deseos finales sobre esa mascota.

- Otras cuentas: Durante este proceso, hay que cancelar o transferir unas cuentas y para eso necesitamos información sobre, por ejemplo, las cuentas de servicios públicos, como el agua, el teléfono, la energía, el celular, el cable y cualquier suscripción. Incluye cualquier información adicional de cuentas que han estado establecidas para pago automático.

- Correo electrónico y redes sociales: En esta sección debes incluir cualquier información relevante para que los responsables puedan cerrar o hacer anuncios finales en tus correos electrónicos o cuentas de las redes sociales.

- Deseo finales sobre tu cuerpo: Si ya tienes póliza para la disposición de tu cuerpo y todas las actividades relacionadas, debes agregar esa información en esta sección de tu carpeta. Asegúrate de añadir cualquier arreglo o deseo fúnebres que quieras durante este proceso.

Esto es un montón de información, pero mientras más temprano comiences a pensar en cada una de estas cosas, más fácil será armar estas carpetas necesarias, poquito a poco.

Como te dije al principio de este capítulo, estos documentos son extremadamente importantes porque, en el caso de tu fallecimiento o incapacidad, tu familia podrá manejar estas duras emociones, en medio de la paz que tú le das, al dejar todo organizado legalmente y de acuerdo con tus deseos.

Uno no sabe realmente el impacto de tener todo esto organizado hasta que nos toca.

17

Patrimonio neto

El patrimonio neto es una métrica súper poderosa.

Entender la importancia de esta métrica, así como la distinción entre activos y pasivos, te dará una visión clara y significativa de tu situación financiera.

Antes de comenzar a ver números, quiero decirte que tu patrimonio neto actual simplemente es una métrica financiera.

No importa si comienzas en negativo, no importa si comienzas en cero, no importa si comienzas en $100,000. Esta métrica te va a ayudar a medir tu progreso y tienes que verla como una herramienta que te va a ayudar.

En casa comenzamos a revisar nuestro patrimonio neto en el 2021. Si hubiera sabido que esto iba a ser la métrica que me iba ayudar a ver mi progreso financiero, hubiese comenzado a monitorear hace mucho más tiempo.

El patrimonio neto es una fórmula:

Tus activos – Tus pasivos

Activos

Son todo lo que tú posees y tiene un valor económico (valor en el mercado).

¿Cuáles son tus activos?

- El dinero que tienes en el banco, sin importar la cuenta.

- El dinero que tienes en tus cuentas de inversiones. No importa la institución o el tipo de cuenta.

- El valor de tu casa, ya sea el de tu casa primaria o el de tu casa de inversiones. Esta es una partida un poquito controversial porque hay teorías que dicen que no lo incluyas, pero yo me uno a quienes opinan que, si tú vas a incluir la deuda de esa casa, tienes que incluir también el valor del activo, el cual es lo que te pagarían si fueses a vender esa propiedad ahora mismo.

- Cualquier otra cuenta o propiedad de la que seas dueño.

Yo no incluyo el vehículo porque, desde mi perspectiva, siempre voy a necesitar movilizarme y ya sabemos que tan pronto sacamos un auto del dealer, pierde muchísimo valor. Así que nadie nos garantiza que el valor de nuestros autos se mantenga o aumente. Por esto yo no lo incluyo.

Pasivos

Son lo que debes en obligaciones financieras y que tienes que pagar a instituciones financieras.

En esta sección vas a incluir el balance de todas tus deudas. Por ejemplo, préstamos personales, préstamos de auto, préstamos estudiantiles, hipotecas, tarjetas de crédito y cualquier otra deuda con balance pendiente.

¿Con qué frecuencia debes calcular tu patrimonio neto?

Mi recomendación es monitorear este número al menos una vez al trimestre. Si quieres hacerlo todos los meses, bien por ti, pero para mí es demasiado.

Actualmente, existen aplicaciones que lo calculan por ti en tiempo real y lo tienes accesible en todo momento y al instante. Esta puede ser una buena opción, siempre y cuando tengas todas tus cuentas enlazadas a esta plataforma.

Esta práctica de tener una aplicación en el teléfono trabaja súper bien, si manejas las finanzas de la casa de forma independiente o si tu pareja también tiene acceso a esta aplicación porque podrán discutir esta métrica en conjunto.

En casa lo revisamos una vez al trimestre. Mi esposo y yo nos sentamos a hacer nuestra revisión y lo tenemos en una hoja de Excel. De esta manera, me aseguro de obtener los valores de todo. También tengo una aplicación en el teléfono en la cual, no sólo manejo mi parte del patrimonio neto, sino que también me envía alertas relacionadas a mi presupuesto y hábitos de gastos. Es una aplicación todo en uno.

¿Cómo calcular tu patrimonio neto?

Identifica tus activos y asígnale el valor actual en el mercado, el cual puede ser el balance de tus cuentas o el valor en el mercado de tus activos. En el caso de bienes raíces, puedes utilizar los valores sugeridos en las páginas de bienes raíces en línea.

Identifica tus pasivos y el saldo actual de cada una de esas cuentas.

Resta los pasivos de los activos y ese número total te va a dar el valor de tu patrimonio.

Activos − Pasivos = Patrimonio Neto

Claridad en el progreso financiero

Tu patrimonio neto actúa como una métrica para medir tu progreso financiero.

A medida que trabajas en aumentar tus activos y reducir tus pasivos, verás cómo tu patrimonio neto crece. Esto es un reflejo de los ajustes financieros que has comenzado a hacer.

Entender tu patrimonio neto, te permitirá tomar mejores y más informadas decisiones financieras.

Te voy a recomendar que le asignes a esta métrica una meta financiera. Por ejemplo, aumentar tu patrimonio neto $5,000 por trimestre. Dependiendo de tu situación financiera, esto puede ser algo tan sencillo como ahorrar un poco de dinero y reducir tus deudas de algún préstamo, pero si no lo monitoreas, no vas a saber lo que está ocurriendo en tu situación financiera.

18

Seguro social

El sistema del seguro social fue establecido para proveer el reemplazo de 40% de nuestros ingresos durante los años del retiro. Sin embargo, mucha gente de nuestra comunidad -ya sea por recursos limitados o falta de educación- piensa que el seguro social es la herramienta que nos va a proveer 100% de los ingresos durante los años del retiro.

Si decides comenzar a recibir tus beneficios del seguro social temprano, puedes obtener hasta 30% menos.

Si esperas hasta la edad óptima, recibes el beneficio completo -según la documentación del sistema del seguro social-. Y si esperas hasta la edad máxima o tope, puedes obtener hasta 25% más de tus beneficios.

Como te habrás dado cuenta, no estoy poniendo edades específicas porque con cada campaña política y cambio de administración continúan las conversaciones de los cambios al sistema de seguro social para mantener ese programa corriendo.

Desde mi perspectiva, hay una población muy grande contando con los beneficios del seguro social como para eliminarlos completamente.

Algunas medidas que se me ocurren, desde mi conocimiento limitado, pueden ser aumentar los impuestos para la clase trabajadora, aumentar la edad en la que se pueden comenzar a recibir los beneficios, reducir la cantidad de los beneficios y eliminar el tope para las personas que ganan mucho dinero para que sigan aportando a estos planes del seguro social, sin importar los ingresos.

Al momento de esta publicación, el límite anual de ingresos por los cuales se hacen deducciones del seguro social está fijado hasta $168,600. Esto significa que, una vez que los ingresos llegan a este límite, ya no se hacen deducciones o pagos adicionales para el seguro social.

Imagínate que llegas al retiro. El ingreso de tu hogar era de $70,000 y ahora, porque te estás retirando y vas a vivir del seguro social, esos ingresos se reducen al 40%, que serían 28,000. ¿Crees que la calidad de vida de este hogar se va a afectar negativamente? Yo estoy segura de que sí.

Siguiendo con ese mismo ejemplo…

Te retiras pensando que vas a vivir del seguro social, pero rápidamente te das cuenta de que los ingresos no son suficientes y consigues un trabajo a tiempo parcial. ¿Sabías que los beneficios de seguro social pueden ser tributables? Si generas ingresos o tienen ingresos mayores a los establecidos, según las tablas del IRS, tienes que rendir impuestos e incluir en tus ingresos los beneficios del seguro social.

Al momento de escribir este libro debes reportar tus ingresos si eres:

Soltero: Ingresos anuales mayores de $25,000.

Casado: Ingresos anuales mayores de $32,000.

Tengo que aclarar que estos ingresos pueden ser de cualquier fuente: de trabajo activo, de tus cuentas de inversiones para el retiro tradicional o pre-tax, pensiones, negocios, etc.

Para mí, conocer la posibilidad de pagar impuestos sobre el beneficio del seguro social fue horrible.

Trabajaste toda la vida por 20, 30 y 40 años. Durante esa vida laboral, pagaste tus impuestos, te hicieron deducciones del cheque para darle soporte y fondos al sistema del seguro social y ahora que estás en la vejez, o en el retiro, tienes que pagar impuestos sobre ese dinero que tú le prestaste al gobierno para cubrir los beneficios de otra persona y al que quizás le ganaron intereses, y tienes que pagar impuestos.

Algunas personas llegan a este punto sabiendo que debían pagar impuestos eventualmente sobre ese dinero durante los años del retiro y quizá generan sus ingresos a través de los planes de retiro porque ya esto fue parte de sus planificaciones financieras.

Sin embargo, para personas que tienen que trabajar por necesidad o por falta de planificación, esto puede ser una sorpresa total.

Vamos a pensar esto:

O sea… llegaste al retiro y durante tus años laborales decidiste que no querías invertir dinero. Entonces, vuelves a la fuerza trabajadora porque el seguro social no te da y ahora tienes que pagar contribuciones sobre el seguro social.

O quizá llegaste al retiro, invertiste tu dinero, estás recibiendo dinero de tus cuentas tradicionales o pre tax porque querías tener ingresos adicionales en tu retiro, pero nunca te enteraste de que debías pagar impuestos sobre el seguro social durante los años de la vejez. Ahora, probablemente te arrepientes de no haber aportado a tus cuentas Roth, si tenías acceso, o quizás de no haber prestado un poquito más de atención a tu planificación financiera durante los años del retiro.

¿Quién en realidad piensa en esto?

Estas son cosas que, solo si trabajas con un profesional, sabes que ocurren.

También pensamos en esto yo, que estoy escribiendo este libro, tú que lo estás leyendo y quizás una población que tiene una educación financiera más avanzada que la de personas que están viviendo el día a día.

19

Finanzas en pareja

Manejar las finanzas en pareja es crucial para construir una relación sólida y saludable.

La forma en que decidan administrar el dinero puede tener un impacto significativo en el bienestar financiero y emocional.

Imagínate que quieres lograr todas estas metas financieras y tu pareja no quiere.

Sentirás que estás nadando en contra de la corriente constantemente.

¿Sabías que las discusiones sobre el dinero y las finanzas personales son las causas principales de los divorcios en Estados Unidos?

Se estima que los problemas financieros pueden contribuir hasta 40% de todos los divorcios. Para poner esto en perspectiva: Cuatro de cada 10 matrimonios pueden terminar en divorcio por el tema del dinero.

No hay duda de que, en general, muchos de nosotros comenzamos las relaciones por amor, pasión y porque queremos compartir nuestra vida con quien nos ha parecido nuestra persona ideal. Sin embargo, de amor no se vive.

Tener una buena comunicación y hablar sobre finanzas personales juntos, te va a ayudar demasiado en este proceso.

Dos personas o una familia trabajando en conjunto para las finanzas personales del hogar es mejor que una sola persona tratando de hacer cambios.

En mi opinión, hay personas que a veces se resisten a este cambio porque no han descubierto el valor e impacto de tener las finanzas en orden sobre la psicología, en la dinámica del hogar y en el bienestar general.

Aquí tienes algunos beneficios de manejar las finanzas de la casa juntos, en comparación con hacerlo por separado:

- Transparencia y comunicación: Cuando ambos miembros de la pareja participan en la administración financiera, se promueve la transparencia y la comunicación abierta. Esto puede evitar malentendidos y conflictos relacionados con el dinero, ya que ambos están al tanto de la situación financiera y las decisiones que se toman.

- Metas financieras compartidas: Trabajar juntos en el manejo de las finanzas facilita la creación de metas financieras compartidas. Esto incluye objetivos a corto y largo plazo, como la compra de una casa, la planificación del retiro, las vacaciones o la educación de los hijos. Al unir fuerzas, pueden trabajar hacia esas metas de manera más efectiva.

- Control de gastos y presupuesto: Llevar un control de gastos y crear un presupuesto conjunto ayuda a evitar el exceso de gastos y la deuda innecesaria. Ambos pueden monitorear los gastos y hacer ajustes, según sea necesario, para lograr un equilibrio financiero.

- Reducción de estrés y conflicto: El dinero es una de las principales causas de conflicto en las relaciones. Al manejar las finanzas juntos, se alcanza la meta de reducir la posibilidad de desacuerdos y tensiones en este aspecto. La toma de decisiones conjuntas promueve un sentido de igualdad y colaboración.

- Optimización de recursos: Trabajar en equipo permite un mejor uso de los recursos financieros disponibles. Pueden aprovechar las perspectivas de cada uno para tomar decisiones informadas y estratégicas sobre inversiones, ahorros y gastos.

- Crecimiento financiero conjunto: Manejar las finanzas juntos les brinda la oportunidad de aprender y crecer financieramente como pareja. Pueden educarse mutuamente y crear un plan financiero que se ajuste a las necesidades y valores de ambos.

- Respaldo en caso de emergencias: Una estrategia financiera clara en situaciones de emergencia puede resultar exitosa. Pueden tomar decisiones más rápidas y eficientes sobre cómo afrontar situaciones inesperadas.

- Mayor ahorro y acumulación de riqueza: Trabajar juntos en el manejo de las finanzas puede resultar en un mayor ahorro y acumulación de riqueza a lo largo del tiempo. La colaboración permite aprovechar mejor las oportunidades de inversión y el crecimiento de los activos.

La clave para manejar las finanzas en pareja de forma exitosa es la comunicación abierta, la educación, el respeto mutuo y la disposición a comprometerse en la toma de decisiones financieras. Cada pareja es única, por lo que es importante encontrar el enfoque que funcione mejor para ambos, en términos de manejo financiero.

Si se te hace difícil hablar con tu pareja sobre dinero, puedes consultar un terapista de pareja o familia, y también hablar con un coach financiero. Los beneficios de trabajar en conjunto sobrepasan cualquier incomodidad inicial. Habla con profesionales que te pueden dar estrategias para manejar estas conversaciones mejor o que tenga la función de mediador.

No dejes que el dinero sea lo que fracture esta relación tan bonita que comenzaste.

Desde mi perspectiva y experiencia familiar, te puedo decir que es completamente posible lograr tus metas financieras más rápido cuando se trabaja en conjunto y la relación mejora muchísimo más. También si tienen menores, ellos también perciben el estrés de los adultos de la casa. Incluye a esos menores en tu planificación financiera. No estás solo o sola en este proceso.

Mi experiencia

Lo primero que hice para comenzar a planificar nuestras finanzas en conjunto fue simplemente analizar las transacciones de los pasados 12 meses. Para eso necesitaba que mi esposo bajara las transacciones de sus cuentas de tarjeta de crédito.

Hacer este análisis completo me tomó unas horas y lo hice en silencio. Luego, sin ninguna acusación y de una forma bien abierta, compartí los números con mi esposo. Desde ese momento en adelante, comenzamos a presupuestar.

Nuestra primera meta era salir de deudas y ahorrar más dinero.

Teníamos que trabajar en conjunto en reducir las comidas afuera, reducir el shopping por el aburrimiento y mover ese dinero a los ahorros y a las deudas de autos que teníamos en aquel momento.

Comenzamos este proceso en octubre de 2019 y en junio de 2020 habíamos pagado el primer carro.

Siendo completamente honesta, aunque para esta fecha mi esposo tenía el dinero suficiente para saldar su carro, en febrero de 2021 fue cuando él se sintió cómodo saldando la deuda. Esto era más mental. Él se sentía más cómodo haciendo el pago mensual del carro que sacando sus ahorros para hacer este pago final.

Hoy, en el 2024, aún tenemos los mismos carros con $0 pago mensual.

Luego de que salimos de las deudas y ya teníamos nuestros ahorros, me enfoqué en hablar más sobre independencia financiera. Fuimos privilegiados de que ya para ese momento teníamos buenos salarios y mi esposo estaba aportando el máximo a su plan de retiro del trabajo sin ningún esfuerzo adicional. Nos tocó la suerte.

Le hicimos caso a la gente de Recursos Humanos cuando nos decía: "Aporten al plan de retiro del trabajo".

Yo aún no estaba aportando el máximo a mi cuenta de retiro en el trabajo y comencé a hacerlo en el 2021. Antes del 2021 sí estaba poniendo bastante dinero consistentemente, pero no el máximo anual permitido por el IRS. No podemos olvidar que durante este proceso se pagaba el preescolar de la menor de casa, que era casi una hipoteca de aproximadamente $1,300 al mes.

El concepto de vivir libre de deudas y de alcanzar un retiro temprano, a través de la independencia financiera, no era un concepto con el cual mi esposo se sentía cómodo o ni siquiera lo creía.

¿Cómo lo vamos a lograr nosotros si nuestros papás, nuestra familia y el resto de la gente a nuestro alrededor no lo han logrado?, nos decía nuestra mentalidad de escasez… esa vocecita interna que nos recordaba las normas de la sociedad. Nosotros no teníamos ejemplos a seguir de gente que hubiese logrado estas metas.

Con el pasar de los meses y los años continuamos hablando abiertamente sobre el dinero y aunque a veces se hace difícil pensar y realizar todo lo que hemos logrado, hoy día podemos afirmar que no tenemos estrés por dinero, le pusimos precio y fecha a nuestro retiro y estamos en la capacidad de usar el dinero intencionalmente.

Esto definitivamente ha cambiado nuestra dinámica familiar. Los chiquitines de casa nos escuchan teniendo conversaciones reales y positivas acerca de dinero y hasta sobre asuntos de pareja… y eso está muy bien.

20

Comienza hoy

¡IMPORTANTE!

Mientras estés leyendo este libro, comienza a tomar acción.

Es muy común que, por miedo al fracaso, por miedo al éxito o por miedo a lo desconocido, sigamos adquiriendo información de diferentes fuentes, en este caso sobre educación financiera y recomendaciones de los productos financieros perfectos, y no hacemos nada.

Mientras estés leyendo este libro, comienza a implementar las estrategias y las ideas que te comparto.

¿Te imaginas dónde puedes estar en unos 5, 10, 15+ años?

Comienza a tomar control de tus finanzas personales.

He notado que la indecisión, la falta de dirección y la falta de educación financiera te han llevado hasta aquí, pero desde hoy comenzamos un nuevo camino.

Fundamentalmente, tienes que conocer todos tus números. No hay nada que puedas hacer si no conoces tu situación financiera.

Pasos:

1. Enfrenta tus números.

2. Haz una lista de tus cuentas… de TODAS.

3. Calcula tu número de independencia financiera.

21

Needs vs. wants

Tu persona del futuro necesita que tengas control de tus transacciones y de cómo utilizas tu dinero de ahora en adelante.

Antes de procesar cualquier transacción, ya sea con efectivo, con tarjeta de crédito, con tarjeta de débito o hasta con préstamos, pregúntate si realmente lo necesitas o simplemente lo quieres.

Esto de tomar control de tus finanzas personales es una desviación completa a lo que has hecho hasta ahora. Es muy probable que con ajustes intencionales en tu día a día llegues muy lejos.

Léelo otra vez... solamente tienes que hacer ajustes.

Por experiencia, te confirmo que en el área de los gastos es donde más ayuda necesitamos. Tener la habilidad de diferenciar entre necesidades y deseos antes de realizar una compra, va a ser clave en este proceso.

Piensa esto desde el punto de vista estratégico. Mientras menos dinero utilices para las cosas que no son necesarias, más dinero tienes disponible para ahorrar, salir de deudas, invertir, disfrutar y para las cosas que son realmente necesarias e importantes para ti.

Aquí te dejo algunos consejos prácticos que te ayudarán a tomar decisiones financieras más informadas y de acuerdo con tus metas.

- Reflexiona sobre la funcionalidad: Antes de añadir un artículo a tu carrito de compras, reflexiona sobre su utilidad práctica. ¿Este producto o servicio satisface una necesidad fundamental en tu vida cotidiana, o es más un capricho?

- Prioriza las necesidades básicas: Establece tus prioridades y lo que te ayuda a cubrir tus necesidades básicas primero. Algunas áreas en esta categoría son la vivienda, alimentación y salud.

- Analiza la durabilidad y utilidad a largo plazo: Evalúa la durabilidad del producto y su utilidad a largo plazo. Una compra que resista el paso del tiempo y siga siendo valiosa para ti tiene más probabilidades de ser una necesidad real.

- Cuestiona la urgencia: Pregúntate a ti misma: ¿Esta compra es urgente o puedo esperar un poco más? La urgencia a menudo puede distorsionar nuestra percepción de necesidad.

- Establece un presupuesto y cúmplelo: Definir un presupuesto claro te ayudará a distinguir entre lo que puedes permitirte y lo que está fuera de tus posibilidades financieras. Mantén la disciplina de cumplir con tu presupuesto para evitar gastos innecesarios.

- Consulta tus metas financieras: Recuerda tus metas financieras a corto y largo plazo. ¿Cómo esta compra contribuye a tus metas financieras? Si no tiene un impacto positivo significativo, es probable que sea un deseo en lugar de una necesidad. Es más, si tiene un impacto negativo porque ese dinero lo puedes utilizar mejor en una meta financiera, eso muestra que no debes hacer esa compra.

Al dominar la habilidad de distinguir entre necesidades y deseos, estarás haciendo mejor uso de tu dinero y lo utilizarás de acuerdo con tus valores y metas. Este proceso no solo te ayuda ahora, sino que te ayudará a largo plazo y también te servirá de guía hacia un camino de consumo consciente y sostenible.

No importa el valor de la compra $30, $300 o $3,000… en este camino a la independencia financiera cada dólar cuenta. No subestimes el poder de utilizar cada dólar para acercarte más a la independencia financiera.

22

Llegar a la independencia financiera no es suerte

Unos los llaman suerte, otros lo llaman necesidad.

¿Cuándo fue la última vez que te dijeron: "Es que tú tienes suerte"?

Y si aún no te lo han dicho, prepárate… porque una vez vean tu progreso y las mejoras que has hecho en tu vida financiera, esta será la opinión o impresión de mucha gente.

Cuéntales abiertamente a esas personas lo que estás haciendo. Si no te has dado cuenta, la gente a nuestro alrededor necesita esta información, pero no es común hablar de dinero y mucho menos preguntar sobre dinero.

Les puedes hablar de tus procesos:

- ¿Cómo hiciste para comenzar a crear metas financieras?

- Las estrategias que has utilizado para empezar a presupuestar y eventualmente automatizar ese presupuesto.

- El proceso que seguiste y los resultados que has tenido al abrir tu cuenta de ahorros de alto rendimiento.

- Las estrategias que utilizaste para crear tu plan para salir de deudas.

- La educación financiera que has adquirido y te ha permitido abrir o aumentar tu aportación a las cuentas de inversiones.

- El cambio de mentalidad y procesos que te han ayudado a cambiar y comenzar a utilizar tu dinero inteligente e intencionalmente.

Esta última quizás es la de más impacto. Saber a dónde va tu dinero y cómo realmente lo quieres utilizar, te da el avance sobre todas las cosas. Claro… si tus recursos son limitados, si estás viviendo cheque a cheque, o estás comenzando, quizás no has llegado a ese punto, pero esto no significa que no vas a llegar.

23

Mentalidad millonaria

Reflexionar sobre tu relación con el dinero y cómo tu mentalidad puede cambiar y ayudarte a alcanzar tus metas financieras más rápido es extremadamente importante.

A continuación, te voy a dar unas cuantas preguntas para que las contestes en silencio y comiences a pensar en cómo tus experiencias del pasado, tus experiencias actuales y tu mentalidad y relación con el dinero están afectando tu progreso.

Guarda las respuestas a estas preguntas en un lugar seguro para que las revises en unos meses o años.

Yo hago este ejercicio con frecuencia y quizás te preguntes: ¿Por qué si tú eres una profesional en los temas de finanzas personales?

La realidad es que no importa el conocimiento que tenga... la psicología, tu mentalidad y el entorno va mucho más de la mano con tus decisiones financieras de lo que tú crees.

Tú tienes el poder de hacer grandes cosas, pero tienes que creerlo.

Ahora sí… las preguntas:

1. ¿Cuál es tu reacción cuando escuchas que generar dinero depende tanto de tu mente como de tus acciones?

2. ¿Qué te viene a la mente cuando piensas en lo que se necesita para acumular riqueza?

3. ¿Estás logrando el nivel de éxito que deseas?

4. ¿Qué pensamientos o creencias te están ayudando o aguantando a tener ese éxito financiero que deseas?

5. ¿Qué creencias del pasado y de cómo creciste tienes acerca de generar más dinero?

6. En la escala del 1 al 10, ¿cómo calificarías tu relación con el dinero?

7. ¿Qué mitos sobre el dinero crees que nunca has cuestionado?

8. ¿Cómo cambiaría tu relación con el dinero si enfrentaras estos mitos?

9. ¿Ves el dinero como algo positivo o algo negativo?

10. Tu creencia de ver el dinero como positivo o negativo, ¿se alinea con tu realidad financiera?

11. ¿Qué crees de las personas que quieren más dinero, esas que son súper ambiciosas?

12. ¿Tienes una mentalidad de escasez o una mentalidad de abundancia cuando se trata de dinero?

13. ¿Cuáles son algunas de las cosas buenas que podrías lograr si tuvieras más dinero?

14. ¿Te enfocas en las cosas positivas o en las cosas negativas?

15. ¿Cómo piensas que vas a atraer la riqueza y el éxito que deseas?

16. ¿Puedes controlar tus pensamientos, deseos y sueños?

17. ¿Cuáles son algunas formas sencillas en las que puedes comenzar a practicar la gratitud por los recursos económicos que tienes y una mejor mentalidad financiera de inmediato?

18. ¿Por qué es importante para ti tomar control de tus finanzas personales de ahora en adelante?

19. ¿Qué metas y sueños quieres alcanzar?

20. ¿Crees que puedes alcanzar tus metas y sueños?

21. ¿Cómo vas a alcanzar tus metas y sueños?

22. ¿Qué pasos específicos tomarás de hoy en adelante para hacer realidad esos sueños y metas?

23. ¿Qué significa la independencia financiera para ti?

24. ¿Crees que la independencia financiera está disponible para todo el mundo?

25. ¿Alguna vez has soñado con no tener Sunday Blues? Sunday o Monday Blues es ese feeling de que al otro día o ese día hay que trabajar.

26. ¿Disfrutas tu trabajo o quieres hacer algo diferente?

¿Adónde va tu dinero?

Uno de los pasos más importantes mientras vas tomando control de tus finanzas personales es saber adónde va tu dinero. Igual o más importante es conocer y enfrentar tus números. Si no conoces el flujo de dinero, entradas y salidas, va a ser un poco difícil organizarse y alcanzar tus metas financieras. No le tengas miedo a hacer este ejercicio. Quizás será difícil enfrentar tus números, pero una vez que tengas una idea exacta de lo que está ocurriendo, podrás tomar mejores pasos hacia tus metas financieras.

Durante una de las sesiones de coaching individual, le pregunté a una pareja cuánto gastan en comidas afuera al mes y me dijeron

$200. Al momento que estoy escribiendo este libro, con la inflación como está, ¿crees que este número es real?

Ahí mismo les di una tarea:

"Olvídense de lo que pagaron en cash o alguna app que no les deja revisar la categoría de las transacciones, por las próximas 2 semanas, anoten todas las transacciones que hacen o pagos con tarjeta de débito o tarjeta de crédito, y ahí vamos a ver lo que realmente gastan".

Dos semanas después nos dimos cuenta de que gastaron $500 en solo 2 semanas.

Imagínate lo que puede pasar en tu presupuesto y plan financiero con una diferencia de $1000 vs $200 al mes. En este caso, había $800 que no estaban incluidos en el plan del mes.

Esto es un ejemplo claro de las razones por las que se nos hace difícil establecer prioridades y alcanzar nuestras metas financieras. Al no enfrentar con honestidad tus números, tienes un riesgo real de no tener una idea clara de lo que está sucediendo y por esta razón se hace difícil, y a veces hasta imposible, alcanzar tus metas financieras.

En el ejemplo anterior, con una diferencia de $800 al mes, ese dinero se puede utilizar para ahorrar, salir de deudas, invertir o simplemente seguir disfrutando. Todo esto va a depender de en qué punto de tu transformación financiera estás.

24

No tienes que hacerlo todo a la vez

Querer mejorar tu situación financiera rápido es un deseo real.

Sin embargo, al menos que tengas una cantidad de recursos ilimitados, lo más probable es que tienes que organizarte para poder tomar los pasos adecuados hacia la independencia financiera.

¿Quieres pasos específicos?

1. Establece tus metas financieras.

2. Revisa tus transacciones de los pasados meses.

3. Establece las categorías que tu presupuesto debe tener: ¿Cómo vas a utilizar el dinero de hoy en adelante?

4. Establece tu presupuesto.

5. Intenta aplicar tu presupuesto durante las próximas semanas o meses y haz los cambios cuando sea necesario.

6. Determina cuánto necesitas tener en tus ahorros de paz mental y, basado en tu presupuesto, cuánto puedes ahorrar

y con qué frecuencia. Comienza a ahorrar dinero en tu high yield savings account. No tiene que ser una cantidad exorbitante. Establece automatización de $20 a la semana y de ahí en adelante vas haciendo cambios.

7. Crea tu listado de deudas y elige el método que más te guste para crear tu plan y estrategia para salir de deudas.

8. Aumenta el % de inversiones en el plan de retiro del trabajo: el máximo al año si puedes.

9. Si ya estás aportando el máximo al plan de retiro del trabajo, no te dan uno o solo quieres aportar hasta el match, mira otras cuentas como IRA y brokerage account.

25

Paradigmas y emociones sobre el dinero

El dinero es un tema que está cargado de paradigmas y emociones en la sociedad.

A continuación, te presento algunos de los paradigmas y emociones comunes relacionados con el dinero.

Antes de comenzar, si estás como yo cuando no sabía lo que eran paradigmas, aquí te dejo la traducción de la Real Academia Española.

"Paradigma: Teoría o conjunto de teorías cuyo núcleo central se acepta sin cuestionar y que suministra la base y modelo para resolver problemas y avanzar en el conocimiento".

Paradigmas sobre el dinero:

- **Tener mucho dinero significa que tengo éxito:**

  Muchas personas asocian el dinero con el éxito en la vida. El paradigma es que acumular riqueza es una señal de logro y aunque, si tener dinero representa un nivel de éxito, cada uno de nosotros le puede otorgar un significado diferente al éxito. Hay quienes son muy exitosos en las finanzas, pero en las relaciones de pareja o familia no lo son.

- **El dinero es la raíz de todos los males:**

Este paradigma sugiere que el dinero es la fuente de problemas y conflictos. Algunas personas creen que hacer dinero de manera desmedida puede llevar a la corrupción y a la pérdida de valores. Siempre he pensado que el poder que da el dinero saca la verdadera cara de las personas a la luz. ¿Has visto algún político subir a un puesto de poder y en unos meses o años está enfrentando un caso de corrupción? Hay personas a las que no se les puede dar dinero y poder.

- **El dinero no compra la felicidad:**

La creencia de que el dinero no puede proporcionar felicidad es un paradigma común. Se argumenta que las experiencias y las relaciones son más importantes que la riqueza material. Sin embargo, todos sabemos que tener recursos económicos nos da seguridad y comodidad que sin dinero no las podríamos obtener o alcanzar.

- **El dinero es escaso:**

Algunas personas mantienen la creencia de que el dinero es un recurso escaso y limitado, lo que puede traer consigo una mentalidad de escasez y temor a la falta de dinero. Hay personas a las que no les importa la cantidad de dinero que tengan en sus cuentas porque piensan que se les va a acabar eventualmente.

- **El dinero es la solución a todos los problemas:**

Otro paradigma es la idea de que el dinero puede resolver todos los problemas. Esto puede conllevar a la búsqueda obsesiva de riqueza para obtener soluciones instantáneas. Mira las personas que ganan la lotería y en unos pocos meses o años ya no tienen dinero. El dinero de la lotería, si son millones, puede tener un impacto positivo en generaciones futuras, pero dinero que no se maneja bien no soluciona nada.

Emociones sobre el dinero:

- **Felicidad:**

  El dinero puede proporcionar comodidades y satisfacción, lo que puede generar sentimientos de felicidad y seguridad.

- **Estrés:**

  La falta de dinero o las preocupaciones sobre las finanzas pueden generar estrés y ansiedad.

- **Codicia:**

  La búsqueda desmedida de riqueza puede llevar a la codicia, es decir, las personas desean cada vez más dinero sin límites claros.

- **Culpa:**

  Algunas personas se sienten culpables por tener dinero cuando otros están en situaciones de necesidad.

- **Miedo:**

  El miedo a la pérdida de dinero, a la pobreza o a la inseguridad financiera puede ser una emoción poderosa relacionada con el dinero.

- **Orgullo y logro:**

  Alcanzar metas financieras puede generar orgullo y una sensación de logro personal.

- **Envidia:**

  La comparación con otros que tienen más dinero puede llevar a sentimientos de envidia.

- **Alivio:**

  Superar dificultades financieras o salir de la deuda puede generar un gran alivio emocional.

Es importante reconocer que tanto los paradigmas como las emociones sobre el dinero pueden variar muchísimo entre las personas y pueden influir en las decisiones financieras y el bienestar general.

El manejo de las emociones y la comprensión de los paradigmas personales relacionados con el dinero son importantes para tomar decisiones financieras más informadas y saludables.

Behavioral finance:

Escanea este código QR para obtener más información

26

¿Qué te causa estrés financiero?

Aquí te voy a proveer una lista de cosas que causan estrés financiero.

Algunos de estos te van a parecer súper familiares.

Mientras los vas leyendo, sugiero que pienses en alguna situación que te causó este tipo de estrés financiero.

La cantidad de deudas que has acumulado.

Tener muchas deudas, como las que se contraen por medio de tarjetas de crédito, préstamos estudiantiles e hipotecas, puede ser abrumador y más si no tienes un plan para salir de ellas y los balances están altos.

Liberarás este estrés en la medida en que vayas progresando en tu plan para salir de deudas, pero el primer paso no lo podemos evitar: hacer esa primera lista con todas tus deudas y sus balances.

La creación de un primer presupuesto y enfrentar tus números.

Crear y mantener un presupuesto es un desafío para muchas personas, lo que dificulta el manejo efectivo de tus entradas y salidas de dinero.

No dejes para luego la creación de tu presupuesto, ni siquiera porque te intimide ver tus números semana tras semana. El manejo de tus ingresos y tus salidas de dinero te dará poder y te ayudará a impulsar tu transformación financiera.

Asume este presupuesto como si fuera el mapa hacia ese tesoro llamado "independencia financiera", el cual tiene marcados los pasos y el camino que debes seguir, de la mano con tu dinero, para lograr las metas financieras que necesitas alcanzar.

No tener ahorros de emergencia.

La paz mental es crucial en estos procesos. Acumular un fondo de emergencia para cubrir gastos inesperados o pérdida de empleo puede ser difícil para aquellos que viven cheque a cheque.

Sin embargo, si esta es una de esas áreas que te causa un estrés tremendo, ahora es el momento para comenzar a ahorrar poco a poco. Una vez logres tener esos ahorros en tu cuenta de bancos, podrás liberarte del estrés constante que causa no tener dinero disponible para enfrentar una emergencia económica.

La planificación para el retiro.

Tener lo suficiente para el retiro y comprender las diferentes opciones de cuentas de retiro y el tiempo que debes aportar a ellas para lograr tu número de independencia financiera puede ser desalentador.

La planificación para tu retiro tiene diferentes herramientas, temas y estrategias, y no debes seguir dejándola para después. Lo mejor que puedes hacer desde ahora es enfrentar tus números, calcular tu número de independencia financiera y comenzar tu plan hacia la planificación para el retiro. Un estrés real sería llegar a los años del retiro, no tener dinero y, como resultado, no tener otra opción que vivir del gobierno.

Elegir las inversiones apropiadas.

Decidir dónde y cómo invertir puede ser intimidante, especialmente para aquellos con poco conocimiento en inversiones.

La educación financiera te va a quitar este estrés. Comenzar a elegir esas inversiones, la práctica y el progreso representa, en muchos casos, enfrentar estresores asociados al tema de las finanzas personales, pero si no los afrontas, siempre vas a estar en un estrés constante.

Elegir la cobertura de seguros apropiada para tu vida.

Comprender y elegir las pólizas de seguro adecuadas, como seguros de salud, de vida y de propiedades, puede ser confuso. Buscar asesoría de profesionales expertos en este tema puede ser una de las decisiones más acertadas, ya que hay bastante seguros y productos financieros en el mercado. Lo importante es que busques al especialista que priorice el mejor interés para tu salud financiera, por encima del mejor interés para su bolsillo o de las comisiones que va a ganar a partir de los productos que te ofrezca.

Los seguros son extremadamente importantes, ya que te protegen de eventos para los que no puedes prepararte. Hay quienes piensan que tener pólizas de seguros es una pérdida de dinero, pero cuando te enfrentas a una situación en la que realmente necesitas ese seguro, te das cuenta de que no lo es.

La planificación y los pagos en contribuciones sobre ingresos.

Debes navegar este tipo de planificación con un profesional, ya que es un tema complejo. Hay diferentes leyes y regulaciones en cada país y a veces por ciudad.

Este tema también se lo dejo a los profesionales, pero búscate alguien en tu ciudad o un referido que pueda ayudarte. Aunque muchos de nosotros hayamos obtenido educación sobre el tema de los impuestos, tu situación individual merece ser evaluada.

Para ahorrarte un poco de dinero todos los años, no pierdas la oportunidad de buscar un profesional que tenga tu beneficio en mente.

Tener o no tener educación financiera.

Muchas personas carecen de conocimientos financieros básicos, lo que puede llevar a decisiones financieras de gran impacto y una planificación inadecuada.

Espero que cuando termines de leer este libro te sientas mucho mejor con tus decisiones financieras y con tu educación financiera. Tu educación financiera no termina aquí. Este es solo un pequeño paso hacia esas metas financieras grandes que tienes.

Elige un profesional que te acompañe. Hay personas que se dedican a crear tu plan financiero individual. No tienes que tratar de hacerlo todo por tu cuenta. Sin embargo, entender los conceptos básicos, y saber cómo manejar tus cuentas, tu presupuesto y tu plan financiero, al menos en alguna área, te da un poder que nadie te puede quitar.

Ingresos variables para los que no tienen ingreso fijo.

Lidiar con ingresos variables, como los que perciben dueños de negocios o tienen trabajos por temporada, puede hacer que la elaboración de un presupuesto y el ahorro sean impredecibles.

El primer paso para los dueños de negocios es separar las finanzas del hogar y las del negocio. Esto te va a permitir monitorear la rentabilidad del negocio.

Mi mayor recomendación para las personas con ingresos variables es que establezcan un presupuesto base, el cual debe tener las partidas necesarias para subsistir mensualmente. Este va a ser tu presupuesto base y la cantidad de ingresos mínima que debes generar todos los meses.

En el área de los ahorros, siempre recomiendo a los dueños de negocios que tengan al menos un mes de ese presupuesto base en sus cuentas de ahorro.

Cuando llegue el momento en el que generes más ingresos que el presupuesto base, podrás utilizar el dinero adicional para tus metas financieras.

Proteger tu identidad contra el fraude.

Proteger la información financiera personal contra el robo y el fraude es una preocupación constante.

En este mundo virtual es muy importante proteger nuestra identidad. Protégete con contraseñas fuertes que no compartas con nadie. Utiliza la herramienta de autenticación de dos factores, actualiza periódicamente tus sistemas y contraseñas, revisa tus transacciones regularmente, cuentas bancarias, tarjetas de crédito y tu reporte de crédito. No compartas tus datos personales abiertamente con nadie en línea, bloquea tu cuenta o tarjeta tan pronto tengas sospechas de alguna transacción fraudulenta, y no abras ningún correo electrónico o enlace que venga de una persona o alguna entidad con la cual tú no estás trabajando o que se vea sospechoso.

Hoy día los estafadores están mucho más preparados y envían mensajes de texto, correos electrónicos y hasta hacen llamadas como si fuera tu banco. Por esto, al menos que tú hayas iniciado la conversación, no abras y no contestes nada.

Las responsabilidades financieras familiares.

Equilibrar las necesidades financieras de la familia, incluyendo hijos y padres ancianos, puede ser estresante.

Muchos de nosotros somos parte de la generación que proveerá el cuidado de nuestros padres, debido a que ellos viven con ingresos fijos y no tenían el acceso a las herramientas financieras que nosotros tenemos hoy día.

Tomar decisiones permanentes o finales sobre los recursos económicos de tu familia es un estresor real, más aún cuando estas conversaciones de dinero no han sido abiertas y debemos tomar decisiones de última hora.

Los altos costos de vivienda.

El aumento de los costos de vivienda puede poner presión sobre los presupuestos y dificultar el ahorro para otros objetivos financieros.

No es noticia para nadie que los costos de vivienda están fuera de control. Hay algunas ciudades en las que ni rentar ni comprar una casa tienen sentido porque los precios son exorbitantes. Si no tuviste la oportunidad de rentar una propiedad con renta fija o comprar una propiedad a un precio razonable, puede que los costos de vivienda te causen un estrés tremendo.

Los gastos de educación para los hijos.

Pagar la educación superior, ya sea para uno mismo o para los hijos, puede generar una carga financiera significativa.

El tema de la educación es complicado. Ya sea que quieres mejorar tu educación para tener mejores oportunidades profesionales, o tienes hijos a quienes les quieres proveer la oportunidad de recibir una educación universitaria, debes enfrentar las realidades. Si hasta este punto tu plan financiero carece de presupuesto, ahorros y planificación para el retiro, tu prioridad en estos momentos es enfocarte en esas tres áreas para ti.

Tenemos que reconocer el costo y la inversión que estamos haciendo en esa educación y la posibilidad real de generar ingresos adicionales o de tener ingresos suficientes después de completar esa educación.

Los ingresos son bajos.

Muchas personas luchan con salarios que no cubren sus necesidades básicas y metas financieras. Si bien es cierto que no podemos ocultar esta realidad, también es verdad que podemos crear estrategias para aumentar nuestros ingresos, tales como: buscar maneras de hacer ingresos adicionales con los talentos y los recursos que ya tenemos, buscar un segundo trabajo a tiempo parcial, ampliar tu preparación profesional a través de programas que ofrezcan en tu trabajo actual. etc.

27

Sabotaje financiero

¡No ignores a los saboteadores!

Nosotros mismos o las personas a nuestro alrededor podrían ser los primeros saboteadores de nuestras finanzas personales, de diferentes maneras.

Aquí te dejo ejemplos de sabotaje financiero y algunas estrategias para evitarlo.

Saboteas tus finanzas cuando:

- Tienes gastos impulsivos en compras innecesarias o de lujo para mantener una imagen que no va de acuerdo con tus finanzas.

- Vives por encima de tus posibilidades y en el proceso vas acumulando deudas de tarjetas de crédito o préstamos.

- No tienes tus finanzas en orden con un presupuesto claro y preciso para tu situación financiera actual.

- No le prestas atención al tema de los ahorros y al de salir de las deudas.

Estos ejemplos parecen la normalidad alrededor de nosotros... lo que hace la mayoría de la gente a nuestro alrededor para mantener un estilo de vida e impresionar a los demás. Podemos deducir que todo el mundo está saboteando sus finanzas personales. A través de estas líneas, quiero confirmarte que todos podemos evitar esto o mejorar, si comenzamos a tomar estrategias claras.

Estrategias para evitar el sabotaje

1. Establece tu presupuesto mensual y monitoréalo con la frecuencia que sea necesaria. De esta manera, controlarás tus entradas y salidas de dinero.

2. Crea tu plan de acción para salir de deudas -si tienes deudas innecesarias- y evita la acumulación de deudas nuevas.

3. Abre tu cuenta de ahorro de alto rendimiento y comienza a transferir dinero con la frecuencia que puedas y la cantidad que puedas, con el objetivo de acercarte más a tu meta de ahorros.

4. Establece metas financieras a corto y a largo plazo, y crea un plan detallado de cómo las lograrás. Estas metas deben ser monitoreadas regularmente.

5. Continúa tu educación financiera para que así tomes mejores decisiones sobre tus finanzas personales.

28

Plan financiero personal

Un plan financiero personal es mucho más que una simple lista de gastos e ingresos. Es un plan que te guiará hacia tus metas financieras y te ayudará a aprovechar al máximo tus recursos.

Aquí te presento una guía detallada sobre qué debe incluir tu plan financiero y cómo puede adaptarse a tus necesidades cambiantes a lo largo del tiempo.

Definición de objetivos y metas financieras:

En primer lugar, es fundamental establecer objetivos financieros claros y alcanzables. Estos pueden incluir metas a corto plazo, como la creación de un fondo de emergencia, así como objetivos a largo plazo, como la jubilación anticipada. Es importante revisar y ajustar estos objetivos periódicamente a medida que cambian tus circunstancias y prioridades.

Presupuesto detallado:

Un presupuesto detallado es tu mapa del tesoro. Te ayuda a entender tus ingresos y gastos, identificar áreas donde puedes reducir costos y garantizar que estás viviendo dentro de tus posibilidades. Es crucial revisar tu presupuesto regularmente para asegurarte de que estás en el camino que te conducirá hacia tus objetivos financieros.

Plan de ahorros:

Para alcanzar tus metas financieras, necesitarás un plan de ahorros sólido. Esto puede implicar establecer un objetivo de ahorro mensual y automatizar tus contribuciones a una cuenta de ahorro específica.

Plan de deudas:

Si tienes deudas, es importante desarrollar un plan para pagarlas lo antes posible. Esto puede implicar priorizar deudas de alto interés, consolidar préstamos o refinanciar para obtener tasas más favorables.

Planificación para el retiro:

No subestimes la importancia de planificar tu jubilación desde una etapa temprana de tu vida laboral. Calcula cuánto necesitas ahorrar para mantener tu nivel de vida deseado durante el retiro y establece un plan para alcanzar esa meta. Considera opciones de inversión a largo plazo, como planes de retiro individuales (IRA) o planes 401(k), y revisa regularmente tu progreso hacia tus objetivos de retiro.

Evaluación de seguros:

Revisa tus coberturas de seguro actuales, incluyendo seguro de vida, seguro de salud, seguro de hogar y seguro de automóvil. Asegúrate de tener una protección adecuada contra riesgos financieros inesperados y considera la posibilidad de aumentar tu cobertura, si es necesario.

Planificación de patrimonio:

Finalmente, considera la planificación patrimonial como parte integral de tu plan financiero. Esto puede incluir la redacción de un testamento, la designación de beneficiarios y la exploración de estrategias para minimizar la carga fiscal de tu patrimonio.

29

Multitasking en las finanzas personales

No sigas en el ciclo de querer hacerlo todo rápido y de una vez.

Hay un problema grande y es que queremos atacar todos nuestros problemas financieros de un golpe. La realidad es que tenemos que organizarnos.

¿Te ha pasado que le das un pago adicional o un poco de dinero adicional a todas las deudas esperando salir de ellas en algún momento?

La realidad es que si te organizas, evitas distracciones y actividades que te alejan de tus metas financieras.

Imagínate que tienes $30,000 en deudas de tarjeta de crédito y tu puntuación de crédito ha bajado a 550. Decides enfocarte en las deudas que tienen el menor balance y las saldas primero. En este proceso, buscas maneras de generar ingresos adicionales y sales de todas tus deudas en menos de un año. Esto es una historia real de una de mis estudiantes.

Antes de trabajar juntas, le estaba pagando un poco de dinero de más a cada una de las deudas en su lista. Llevaba meses en ese proceso y me decía que no podía salir de las deudas, tenía mucho estrés, y me confesó que se quería declarar en bancarrota para comenzar de nuevo.

Comenzamos a trabajar inmediatamente en su relación con el dinero, el manejo de sus ingresos y con sus deudas. En aproximadamente 10 meses ya había salido de las deudas de tarjeta de crédito y su crédito había aumentado a casi 800.

Tú puedes tener una historia similar si comienzas tu transformación financiera desde ya. Tienes los recursos en tu mano.

Ahora te toca a ti dar el próximo paso.

¿Sabes cuál es el impacto de una bancarrota en tu crédito?

Es una penalidad en tu crédito de 7-10 años.

¿Estás dispuesto a tomar ese cantazo en tus finanzas personales, en vez de hacer cambios en tus hábitos y tus transacciones para salir de tus deudas en unos años o meses y mejorar tu crédito?

No olvides que hay que pagarle al abogado que te representa en este caso unos miles de dólares. Esto es una decisión completamente personal, pero tienes alternativas.

Evalúa todas las alternativas que tienes a tu disposición. Quizás la bancarrota es la opción al final, pero yo te pido que evalúes todo antes de tomar una decisión final.

También considera que si no manejas tu relación con el dinero y cómo lo manejas, en unos meses o años vas a estar en una posición similar o peor.

A veces ese shortcut no es la solución

Te invito a que no dejes tu planificación financiera para luego. A veces nos da miedo, vergüenza y tenemos un montón de otros sentimientos negativos con relación a nuestras malas decisiones financieras en el pasado.

Hoy te quiero invitar a que comiences esos canales de conversación sobre los temas de dinero, y si no tienes una o unas personas con quien hablar, aquí estamos.

Mientras vas pensando cómo vas a solucionar tu situación financiera, te voy a dejar unas cuantas ideas aquí:

- ¿Cómo puedes eliminar las distracciones económicas?

- ¿Dónde puedes encontrar un grupo de apoyo financiero?

- ¿Cómo puedes usar la tecnología a tu favor, en vez de que trabajen en tu contra?

"Do Not Disturb" a tus finanzas

- Dale "unsubscribe" a las tiendas.

- Pon alertas o límites de gastos a tus tarjetas de crédito.

- Corta las tarjetas de crédito que te ofrecieron en la caja registradora de las tiendas.

- Automatiza tus ahorros para que envíes dinero a tus cuentas de ahorros de alto rendimiento, inmediatamente recibes tus ingresos.

- Automatiza tus inversiones, ya sea por el plan de retiro del trabajo o por tus inversiones individuales.

- Compra tu póliza de seguro a término para que le des seguridad a tu familia.

- Reúnete con un abogado de estate planning para que comiences tu planificación de patrimonio. Esto no es solo para cuando te mueres.

- Si disfrutas la tecnología, busca la app que más te guste para manejar tus finanzas: presupuesto, pago de deudas, manejo de suscripciones, monitoreo de crédito, patrimonio neto, etc.

Tú eres el dueño de tus finanzas y tienes que priorizar tus finanzas personales. Si te preocupan tus finanzas, estás a tiempo para comenzar a hacer los cambios que necesitas, a partir de hoy.

Hay emergencias, siempre sale algo, pero cuando tienes tus procesos financieros bien definidos, es más fácil enfrentar estas emergencias. No es lo mismo tener que cargarle a la tarjeta de crédito $10,000 que tener ahorrados $5,000 y cargarle los otros $5,000. No es lo mismo poder darle soporte económico a la familia en una emergencia, que tener que abrir un GoFundMe y pedir dinero a desconocidos.

"Work smarter, not harder"

Quiero que llegues en tus finanzas al punto de "Work smarter, not harder".

- Reserva tiempo en tu calendario para revisar tus cuentas.

- Establece tus metas financieras.

- Establece tu presupuesto.

- Establece tu plan para salir de deudas.

- Establece tus transferencias automáticas de ahorros.

- Establece tus inversiones automáticas.

- Escribe tu bucketlist o wishlist.

- Escribe tu why… por qué comenzaste en este camino a la independencia financiera.

- Establece el precio de tu independencia financiera: cuánto cuesta tu estilo de vida durante los años de retiro.

- Establece cuándo te quieres retirar y cómo lo vas a lograr.

No te quedes sin dinero en el retiro

Antes de comenzar, hay que meterle mano a esto de las inversiones y la planificación financiera. Ya no se trata de cuidar a los nietos y quedarse en casa. Muchos de nosotros queremos retirarnos temprano y disfrutar esta vida.

Te comparto un listado de cosas que debes considerar cuando estés planificando tu retiro o pensando en que no quieres planificar tu retiro o en que no sabes cómo empezar.

No sé cuál es tu mayor miedo en esto de las finanzas personales y el retiro, pero el mío es tener que depender del gobierno y llegar a mis años dorados sin dinero.

La realidad es que quizás el 51% de la población en Estados Unidos piensa que no tiene suficiente dinero para el retiro.

¿Qué alternativa crees que tienen? Seguir trabajando y viviendo del seguro social.

¡Tener dinero te da opciones!

Léelo otra vez.

Tener dinero te da opciones

Aquí te dejo un listado de cosas que debes considerar en tu planificación para que estés al tanto de los riesgos que puedes enfrentar.

1. ¿A qué edad piensas comenzar a recibir tus beneficios del seguro social, si es que los consideramos? Pedir los beneficios de seguro social muy temprano reduce la cantidad que recibirás mensualmente. Espera a los 67+ mejor aún 70+. Si no quieres esperar hasta los 67+ puedes recibir los beneficios temprano y usarlos a tu favor para seguir ahorrando, complementar tu estilo de vida o invertirlos.

2. ¿Incluiste los impuestos en tu plan? Si te olvidas de los gastos de impuestos vas a tener una gran sorpresa. La posibilidad de

que nos reduzcan los impuestos es muy baja, al menos que sea alguna estrategia del gobierno para ganar nuestros votos. Considera también que el país sigue gastando ese dinero que tú y yo tenemos que pagar a través de los impuestos. Utiliza una combinación de estrategias para tener un retiro libre de impuestos con estrategias de impuestos: pre-tax, Roth, brokerage.

3. ¿Cuánto tiempo piensas vivir después que llegues a la edad del retiro? Pensamos que vamos a durar menos años de lo que realmente es la expectativa de vida. La expectativa de vida es 76. La expectativa de vida de las mujeres actual es de 79 años mientras que los hombres viven hasta los 73 años. Si tu familia vive por más años que la expectativa de vida publicada, toma eso en consideración en tu plan financiero. Hay cuestionarios en línea que dependen de tu calidad de vida y salud para estimar tu expectativa de vida. Cuando estés haciendo tus cálculos planifica para 5-10 años más. Usa las calculadoras de interés compuesto y haz tus proyecciones en tu planificación.

4. ¿Cómo va a cambiar el mercado y que fluctuaciones tendrá desde hoy hasta la edad del retiro? Las fluctuaciones del mercado nadie las puede predecir y por esto necesitas ahorros por encima de tus inversiones. El mercado de la bolsa de valores sube y baja, el mercado de bienes raíces puede ser un poco más estable, pero también tiene sus fluctuaciones. Durante el retiro, puedes utilizar otras estrategias para mitigar estas fluctuaciones, si tu salud te lo permite, tales como conseguir un part time o tener maneras de hacer dinero extra. Estudia el tema del "safe withdrawal rate", que significa la cantidad de dinero que puedes sacar de tus inversiones, sin que se te acabe el dinero o para extender ese dinero por la mayor cantidad de tiempo posible y ajustar tu vida de ser necesario durante los años del retiro.

5. ¿Cuánto dinero puedes sacar? Sacar más dinero del que puedes es un riesgo real. Imagínate que sacas $100k de

una cuenta que tiene $1M, el dinero te va a durar 10 años aproximadamente. ¿Cuánto debes sacar?. Depende de los sube y baja del mercado debes sacar dinero a 2-4% al año. El riesgo real es que se te acaba el dinero y si eso pasa tus ingresos serán limitados a trabajar o a vivir del seguro social. El seguro social fue hecho para cubrir 40% de tus gastos no 100%. Por esto y más es que es super importante tomar este beneficio lo más tarde posible o si lo recibes temprano utilizar este dinero a tu favor.

6. ¿Cuánto vas a gastar en gastos médicos? Este puede ser uno de los gastos más grandes durante los años del retiro y va a depender de tu salud. NO solo el pago de la prima… son los deducibles, medicinas, etc. Si tienes HSA, esto es una estrategia súper buena. Este costo está estimado en +$300k durante los años del retiro.

7. ¿Planificas gastar menos durante los años de retiro? No olvides que el retiro no significa que algunos gastos van a desaparecer. Considera tu estilo de vida. Algunos gastos que no van a desaparecer son el mantenimiento de las casas y de los autos, entretenimiento, viajes, comidas, ayudar a la familia, etc.

8. ¿Tienes deudas? Si utilizas el dinero del retiro para pagar deudas existentes o deudas nuevas, tu dinero te va a rendir menos. Prepárate a tiempo y no uses el dinero de tu retiro para deudas: hipotecas, deudas de consumo por vivir por encima de lo que puedes, etc.

Si puedes, SAL DE TODAS las deudas antes de retirarte, haz todo lo posible para salir de ellas. No te engañes.

Perfección y progreso

Hay cientos o miles de productos financieros, al igual que hay cientos o miles de opciones para mejorar el manejo de tus finanzas personales.

Puedes pasar meses o años estudiando el proceso perfecto, pero lo más importante es comenzar. No dejes que el deseo de perfección te detenga a comenzar.

Ejemplos de la perfección que no te deja progresar:

1. Presupuesto

    a. Necesito saber TODAS las transacciones que entran y salen de mi cuenta antes de comenzar mi presupuesto.

    b. Este mes, las categorías no me cuadraron a la perfección y por eso no voy a volver a hacer el presupuesto. Esto no sirve para nada.

2. Ahorros

    a. Necesito ahorrar más de $100 al mes para que esto valga la pena.

    b. Tuve que usar mis ahorros porque tuve un imprevisto y ahora tengo que comenzar otra vez. Esto cansa.

3. Deudas

    a. Darle $100 de más a una sola deuda no sirve para nada.

    b. Creé mi plan para salir de deudas y parece que me voy a tomar mucho tiempo haciendo uno de los métodos de aceleración. Me voy a tardar más de un año en salir de deudas. Esto es mucho y no vale la pena.

4. Inversiones

    a. Estoy buscando el fondo de inversiones perfecto para invertir y por eso tengo que mantenerme al tanto de las noticias, la economía y consultar todo con un asesor.

b.   Mi fondo de inversiones está en rojo hoy. Voy a dejar de invertir porque esto no vale la pena.

En este proceso estás desarrollando un grupo de habilidades que te servirán para el resto de tu vida. Lo que aprendas aquí, lo vas a poder utilizar por décadas y mejor aún… le podrás pasar estos conocimientos a las próximas generaciones, no solo en conocimientos literal, sino también en ejemplo porque mientras ellos ven tu progreso, les servirás de inspiración. Recuerda que tu progreso es importante, pero también el impacto que tendrás en las próximas generaciones.

Mi deseo real es que TODOS aprendan a manejar sus finanzas personales, pero la realidad es que no todos están dispuestos a hacer los cambios necesarios, obtener la educación financiera y ser consistentes con las metas financieras.

Es normal tener frustraciones, la sensación de que tardas mucho o de que quieres volver a los hábitos anteriores, a partir de los cuales no le prestabas atención a las finanzas personales.

Te quiero invitar a que mantengas todos los conceptos que aprendes aquí contigo en todo momento y entiendas que la estabilidad financiera y la independencia financiera realmente te dan la paz y la estabilidad que necesitas. Esto es más que educación, estrategias y planificación vs ingresos altos.

Comienza con los conceptos que sean más cómodos o familiares para ti.

Te recomiendo comenzar revisando tu situación financiera actual y tus metas financieras, preguntándote: ¿Qué tengo que hacer para transformar mi situación financiera? ¿Cómo empiezo a organizarme?

No planificar tu retiro es un riesgo real

Muchos de nosotros estamos en la situación del jamón de sándwich. Nuestros padres no planificaron su retiro y nos toca darle support, planificar nuestro retiro y educar a la próxima generación para que sean todos dueños de nuestro retiro.

¿Cuál es el riesgo?

No tener los fondos suficientes para darle soporte a nuestro estilo de vida y a nuestros cuidados básicos durante los años del retiro: vivienda, salud, movilidad, etc.

Todos tenemos el mejor deseo de llegar al retiro saludables, descansar y disfrutar… lo que no hicimos en los 30-50.

A este punto lo he escuchado y leído todo:

- El seguro social es suficiente.

- Me gusta mi trabajo.

- No voy a vivir para disfrutar ese dinero.

- Mejor me disfruto el dinero ahora.

- Si me muero, otro se gozará el dinero.

Todas estas líneas de pensamiento son válidas, pero es igualmente válido reconocer que la edad del retiro la determinas tú, el estilo de vida que quieres vivir durante los años del retiro lo determinas tú.

No sabemos si vamos a estar saludables durante los años de retiro.

No sabemos cuántos años vamos a vivir después del retiro.

No sabemos el costo de vida durante los años del retiro.

Pero, a pesar de estas interrogantes sin respuesta y ante la incertidumbre del futuro, encontrar el balance es necesario y completamente posible, pero no puedes hacerlo todo a la vez.

No tienes que postergar el disfrutar la vida.

Encontrar el balance es necesario y completamente posible.

¿Cuál es la motivación real detrás de la decisión de mejorar tus finanzas personales?

Hago esta pregunta con frecuencia a mis estudiantes y audiencia de las redes sociales, y las respuestas siempre tienen que ver con tiempo, libertad de tiempo y recursos, paz mental y salir del estrés financiero, no querer vivir cheque a cheque, salir de la pobreza, darle un mejor futuro a la familia, entre otras.

Nunca me han contestado nada relacionado con un avión privado, casas de lujo o algo similar.

Si te das cuenta la pregunta está orientada a "mejorar tus finanzas personales". No tiene nada que ver con llegar a ser millonario o una pregunta relacionada a dólares y centavos. Y es que mejorar las finanzas personales, alcanzar la estabilidad financiera y/o la independencia financiera es algo que solo tú defines.

Para algunas personas, el concepto de mejorar las finanzas es tener muchísimo dinero en el banco asegurado. Para otros es tener muchísimo dinero en las inversiones. A juicio de muchos más, es salir del ciclo financiero de la "esclavitud económica y laboral" y para otros más puede ser llegar a darse los lujos que siempre han querido.

Sea cual fuese el caso, lo que nos queda claro es que todo se resume en paz, libertad, recursos y conocimiento.

No hay una respuesta correcta. El verdadero propósito de mejorar las finanzas personales está en ti y solo tú lo puedes definir y lograr.

Mi propósito es darte todas las herramientas necesarias para que comiences. Lo más importante en este proceso es tu motivación, tus procesos y la determinación que tengas para salir adelante en este camino.

Mientras algunas personas a nuestro alrededor persiguen las cosas o experiencias más costosas, nosotros acá perseguimos paz y libertad. Perseguimos metas que pueden transformar el futuro financiero de nuestras familias por generaciones.

You. Can. Do. This.

Las dudas te van a surgir.

A veces vas a pensar que esto no es para ti. Otras veces creerás que todo te está saliendo excelente. Tomar control de tus finanzas personales transforma tu situación financiera y alcanzar la independencia financiera toma tiempo. Cada paso que tomes, no importa si no es perfecto, te acercará más a tus metas o al menos aprenderás algo.

Puedes hacerlo y aquí hay una comunidad grande lista para darte el apoyo que necesitas.

El precio real de no tener tus finanzas en orden

¿Alguna vez te has puesto a pensar cuál es el precio real de no tener tus finanzas en orden?

Quizás has perdido oportunidades, quizás te has quedado en situaciones incómodas, quizás no has hecho todo lo que quieras hacer, quizás no puedes tomar las decisiones que quieres o quizás te limitas todo por no tener tus finanzas en orden.

A mí se me ocurren cosas relacionadas directamente con las finanzas como:

→ Pagar intereses en los balances de tarjeta de crédito porque no has podido saldar el balance a fin de cada mes.

→ Tener altos intereses en productos financieros porque al no tener buen crédito, el financiamiento de autos, préstamos personales y otros préstamos suele ser más alto.

→ Pagar depósitos altos en renta y/o utilidades.

→ Sacar dinero de tu plan de retiro para cubrir deudas o emergencias -como lo hice yo en mis 20s y es una decisión que todavía me duele-.

➜ Perderte la oportunidad de comprar una casa porque no tenías el dinero para el depósito o la puntuación de crédito necesaria.

➜ Mantenerte en una relación de pareja, de familia o laboral que no te conviene.

Te invito a tomar un tiempo para contestar esta pregunta: ¿Cuál es el precio real de no tener mis finanzas personales en orden?

María V. Colón, CPA

30

Finanzas para los niños

Hay varios temas que los menores de la casa deben entender para tener un mejor futuro financiero.

Los niños aprenden con el ejemplo en el hogar. Incorpóralos en tu proceso.

Hay cosas también que se aprenden en el camino, mientras a ellos les toca experimentar con los sistemas financieros.

Antes de continuar hablando de los niños, lo más importante es que las finanzas de los adultos estén en orden.

Aquí te voy a dejar un listado de cosas que puedes ir enseñándole:

1. Presupuesto.

   La metodología más fácil es el 50/30/20. Como discutimos en la sección de presupuestos, con este método el dinero se distribuye en tres categorías mayores: 50% para necesidades, 30% para cosas que no son necesarias, pero les dan calidad de vida, y 20% para ahorros e inversiones.

2. Cuentas de banco.

    Abrir y manejar cuentas de banco en línea cada vez se hace más sencillo. Enséñales la diferencia entre cuentas corriente o de cheque, cuentas de ahorro y cuentas de ahorro de alto rendimiento. También deben aprender cómo entra y sale el dinero y los cargos bancarios de las cuentas, si tienen alguno.

3. Prioridades.

    Establecer prioridades financieras puede ser determinante para el éxito de su vida financiera. Algunas áreas que puedes evaluar aquí son: las comidas fuera vs en casa, las compras compulsivas y las ventas especiales y los paseos de fin de semana.

4. Deudas.

    Hablen sobre los diferentes tipos de deudas, como préstamos personales, préstamos estudiantiles, tarjetas de crédito, etc.

5. Seguro social.

    Conversen sobre la importancia de no compartir su número de seguro social con nadie, ya que cualquier persona puede robar su identidad. De igual manera, algún amigo o familiar puede dañarles el crédito si participan como codeudor en las cuentas de otros.

6. Interés compuesto.

    Dialoguen acerca del impacto de usarlo en tarjetas de crédito o inversiones y ahorros.

7. Seguros.

    La función de los diferentes tipos de seguro: médico, auto, personal, de renta, etc.

31

Enójate con tu situación financiera

Enójate con tu situación financiera y usa las emociones a tu favor.

A lo largo de mi trayectoria educando sobre finanzas personales, he llegado a una conclusión importante: independientemente de nuestro nivel salarial, a muchos de nosotros nos falta la educación financiera necesaria para garantizar la estabilidad económica de nuestras familias. En el trabajo, a menudo recibimos una orientación mínima sobre el plan de retiro y los beneficios y, en ocasiones, esta información se proporciona de manera esporádica, si es que se provee.

Ya sea que ganemos $3,000 o $30,000 al mes, todos enfrentamos desafíos similares en cuanto al manejo de nuestras finanzas personales. Sin embargo, hoy en día, gracias a recursos como este libro y el contenido disponible en línea, tenemos la oportunidad de superar las limitaciones que enfrentan nuestras generaciones anteriores.

Podemos transformar significativamente la situación financiera de nuestras familias al educarnos y conectar con personas que comparten nuestro deseo de alcanzar la independencia financiera.

A muchos hispanos en Estados Unidos y Puerto Rico puede resultarnos frustrante observar cómo nuestro trabajo no es reconocido por la empresa para la que trabajamos, lo que pagamos en impuestos es mal manejado por el gobierno y el sistema financiero no nos da información de calidad en español o nos limita los productos financieros.

Sin embargo, en lugar de esperar que otros tomen medidas para nuestro beneficio, es crucial que asumamos la responsabilidad de nuestra seguridad financiera.

Nadie vendrá a salvarnos. Debemos continuar educándonos y tomar medidas firmes para asegurar nuestro futuro financiero.

Con determinación y esfuerzo, podemos superar cualquier obstáculo y construir un camino hacia la estabilidad económica y el éxito.

Enfócate en lo que puedes controlar.

No puedes controlar las decisiones del gobierno, la economía, el mercado, la inflación y los intereses.

¿En qué creo?

Yo soy fiel creyente de los siguientes principios:

- La independencia financiera está disponible para todos, pero no todos están dispuestos a hacer los ajustes o cambios necesarios en sus estilos de vida para alcanzarla.

- Puedes utilizar estrategias simples para alcanzar la independencia financiera. No hay que utilizar productos ni estrategias difíciles… mientras más simples mejor.

- Dejar el retiro en manos del gobierno es completamente irresponsable. Si estás saludable y tienes maneras de generar ingresos, toma tu retiro en tus manos.

- El dinero se utiliza para disfrutar, pero dependiendo del momento en el que estés en tu plan financiero, hay que hacer ajustes por un tiempo antes de disfrutarlo completamente. Imagínate que llegas a un momento en el que no tienes que utilizar tu dinero para pagar deudas, simplemente lo utilizas para ahorrar invertir y disfrutar. Esa es mi meta y espero ayudar para que sea la de cada uno de ustedes.

32

Gracias

El propósito de este libro no es que lo leas una sola vez y te olvides de él... Es que lo utilices como un cuaderno que puedes consultar las veces que desees o necesites, cuando estés en tu proceso de independencia financiera.

El proceso de organizarte y comenzar a ver progreso te va a tomar unas semanas o meses. Llegar a la independencia financiera te va a tomar años, pero lo mejor de todo es que, reconociendo tus números, ya le puedes poner fecha y, aunque se vea lejos, es posible.

Con todo lo que has aprendido hasta aquí, te voy a recomendar que automatices lo más que puedas, busques y utilices los recursos que tienes disponibles, chequees tus finanzas con frecuencia y sigas tu progreso día a día.

A ti, mi querido lector, mi apreciada lectora, te doy las gracias por dejarme entrar a tu vida y a tu mundo financiero.

Participación de la comunidad de Dinero en Spanglish

Como sabrás, he venido creando una gran comunidad de personas interesadas en alcanzar el tesoro de la libertad financiera, llamada Dinero en Spanglish.

A través de redes sociales, les formulé algunas preguntas y quiero compartir contigo algunas de las respuestas.

Quizá te identifiques con alguna o podrás reafirmar que todos pasamos por dificultades, nos enfrentamos a paradigmas, tendemos a sabotearnos y tenemos experiencias similares.

Y también te darás cuenta de que todos estamos creciendo juntos.

Preguntas:

¿Cuál ha sido tu peor error financiero?

¿Cuál ha sido tu mejor decisión financiera?

¿Qué significa para ti la educación financiera?

¿Qué hubieses querido saber antes sobre dinero y finanzas personales?

Respuestas:

Mari PR

"Mi peor error financiero fue creer que las tarjetas y los préstamos son una extensión de mi sueldo para luego, pagar el mínimo. La mejor decisión financiera que tomé fue irme a la quiebra y comenzar con una educación financiera agresiva: podcast, libros, videos cortos, entre otros. Por otra parte, la educación financiera significa educarte de diversos temas correspondiente a la etapa en que te encuentres y adónde quieras llegar en tu vida… de punto A a punto B. Es decir, si no sabes usar las tarjetas de crédito, necesitas educación sobre ese tema. Además, la educación financiera, desde mi punto de vista, debe ser pragmática. Me hubiera gustado saber de educación financiera antes lo siguiente: vivir con el dinero que se genera y no gastar más, querer otras cosas como viajes, etc., buscar alternativas que generen para ese fondo en específico, el fondo de emergencia. Luego, saber

administrar tu plan financiero te ayuda para ocasiones cuando se daña un carro, la nevera u otro gasto imprevisto. Y, por último, que cada situación es individual, preguntarnos: ¿Realmente lo quiero para mí o porque otros lo tienen o para impresionar? Debemos romper este ciclo".

NLR Puerto Rico

"Mi peor error financiero fue retirar dinero del plan de retiro en varias ocasiones, no educarme y dejar de aportar por un período de tiempo. Adicionalmente, hubo un tiempo en el que gastaba más de lo que ganaba y las deudas de las tarjetas de crédito parecían nunca acabar.

Mi mejor decisión financiera fue, definitivamente, evitar las deudas de consumo y utilizar la tarjeta de crédito como si fuera una tarjeta de débito y tener control de los gastos.

La educación financiera es algo que nos deben enseñar de pequeños para poder tomar decisiones financieramente inteligentes, que nos ayuden a tener una vida libre de deudas y maximizar el dinero que recibimos. Con una buena educación financiera podríamos disfrutar más de las cosas que nos gustan y enseñar a futuras generaciones a vivir una vida plena, invertir y ser financieramente independientes.

Hubiera querido conocer antes sobre las inversiones, presupuestar y ahorros saludables, cómo construir un futuro financieramente estable y cómo lograr un retiro temprano".

M. Plaza-Toledo

"Mi peor error financiero fue procrastinar por años la acción de invertir; por ende, comencé tarde a aprovechar cosas tales como el match de mi empleador en el 401k, entre un montón de cosas.

Mi mejor decisión financiera fue atreverme a invertir. Ver en el horizonte que hay posibilidad de retirarme temprano. El tema de inversión no es de mi deleite. La verdad no me gusta nada, pero solo en mis manos está el poder salir del 9-5p y poder dedicar mi valioso tiempo a las cosas realmente importantes. Así que no quedó de otra que tomar cartas en el asunto. "Camino malo se pasa rápido".

La educación financiera significa una tabla de salvación, una esperanza de que puedes lograr algo que no creías podías lograr, pues nadie en tu familia ni amistades lo ha hecho. Pero educándose te das cuenta de que es posible.

La verdad que con los recursos tan abundantes que hay ahora, pienso que ya no hay excusa para no educarse en estos temas de finanzas. Ciertamente, hace 20 años no había esta abundancia de recursos "online", pero de que había libros… los había, solo que no sentí la motivación de adentrarme en esos temas (¡Nuevamente, porque las cuestiones de finanzas no me agradan, a pesar de ser tan importantes!). A mí lo que me llevó a invertir fueron unos videos aleatorios de finanzas que me salieron en YouTube en plena pandemia... Ahí todo comenzó".

Anónimo

"Educación financiera significa estar enterado e informado de mi situación económica real y proyectada. Es un proceso vivo de cambio constante, en el cual pongo en práctica mis conocimientos y los adapto según los acontecimientos que se vayan presentando".

Maritza

"Mi peor error financiero fue comprar un auto usado del 2011 en un dealer. Cash $11,500. Ahora no cuento con ese dinero y he estado invirtiendo (de lo poco que tengo y de lo que me sobra de mi ingreso, después de pagar deudas y suplir necesidades esenciales) en arreglos para la guagua.

Mi mejor decisión financiera ha sido comenzar a monitorear cómo va mi 401k, leyendo y escuchando Podcast de Finanzas con Dinero en Spanglish y otros (aunque todavía no entiendo nada 😶). Estoy considerando aumentar mi % de aportación al 401k.

La educación financiera es muy importante. Se debe educar desde la niñez en cómo saber administrar e invertir el dinero sabiamente. Debería ser parte del currículo de enseñanza.

Hubiese querido saber antes: ¿Cómo y en qué invertir sabiamente el dinero? ¿Qué tipos de cuentas y/o instituciones financieras son las más beneficiosas como cliente? Si desde mis 18 años (a esta edad ya tenía una cuenta de ahorros con 10k), hubiese tenido el conocimiento previo y la educación sobre este tema, quizás ya me hubiese jubilado y retirado a la edad que siempre quise: a los 50 años edad (la que tengo actualmente), y tal vez tendría un empleo part-time. Todavía me queda mucho camino por recorrer… Llevo 27 años trabajando".

REFERENCIAS DE CONSULTAS VIRTUALES

1. CNBC Make it. https://bit.ly/40EjNLz: Artículo "Breve historia del plan 401(k), que cambió la forma de jubilarse de los estadounidenses" ("A brief history of the 401(k), which changed how Americans retire").

2. Fidelity. https://bit.ly/48FTk2a: Guía de Fidelity "¿Cuánto necesito para jubilarme?: Ahorre 10 veces sus ingresos antes de los 67 años ("How much do I need to retire?: Save 10x your income by age 67")

3. American Association of Individual Investors. https://bit.ly/48AXfgs: Artículo "Ahorro para la jubilación: Cómo elegir una tasa de retirada sostenible" ("Retirement Savings: Choosing a Withdrawal Rate That Is Sustainable").

4. American Century Investments. https://bit.ly/3UCYbuY: Artículo "El ciclo de vida del inversor: ¿Dónde está usted?" ("The Investor Life Cycle: Where Are You?")

Transforma tu Dinero: transformatudinero.com

Sobre la autora

María Victoria Colón es una reconocida profesional en el ámbito de las finanzas y la contabilidad, con más de 20 años de experiencia.

Nacida y criada en Puerto Rico, María se mudó a los Estados Unidos en el 2006 para continuar expandiendo su carrera profesional.

A lo largo de su trayectoria, ha trabajado para organizaciones internacionales y locales en Puerto Rico, Florida y Carolina del Norte, desempeñándose como profesional de finanzas y contabilidad, y obteniendo su certificación como Contadora Pública Autorizada (CPA).

Desde su niñez, Maria vivió de cerca las dificultades financieras cuando los negocios familiares enfrentaron tiempos difíciles. Este contexto marcó su determinación por aprender a manejar el dinero de manera inteligente. A pesar de las barreras económicas, logró completar estudios en Administración de Empresas, con especialidad en Finanzas en la Universidad de Puerto Rico. Posteriormente, obtuvo su maestría en Contabilidad, continuando su crecimiento en el campo financiero.

María es la fundadora de Dinero en Spanglish, una comunidad en línea dedicada a empoderar a la comunidad hispana en los Estados Unidos, a través de la educación financiera.

Por medio de su podcast, contenido, cursos y ahora con su libro "Transforma tu Dinero", María busca compartir sus conocimientos y experiencias para ayudar a otros a alcanzar la libertad financiera.

Su enfoque es sencillo y accesible, guiando a las personas en cómo hacer cambios diarios que generen un impacto a largo plazo.

Cuando no está creando contenido o trabajando en sus proyectos financieros, María disfruta pasar tiempo con su familia, viajar y descubrir nuevas experiencias que enriquecen su vida. Vive en Carolina del Norte con su esposo e hijos, quienes están comprometidos a seguir construyendo un futuro financiero sólido y estable para las próximas generaciones.

www.ingramcontent.com/pod-product-compliance
Lightning Source LLC
Chambersburg PA
CBHW060915140726
47996CB00001B/254